ESSAI COURONNÉ.

DE L'AVENIR ET DE L'INFLUENCE

DES

CANAUX DU CANADA:

ÉCRIT POUR LE PRIX OFFERT AU CONCOURS

PAR SON EXCELLENCE

LE COMTE D'ELGIN ET KINKARDINE,

GOUVERNEUR GÉNÉRAL DE L'AMÉRIQUE BRITANNIQUE DU NORD,

ETC., ETC., ETC.

PAR THOS. C. KEEFER, INGÉNIEUR CIVIL.

TORONTO:

CHEZ ANDREW H. ARMOUR ET CIE., KING STREET,

A MONTRÉAL: CHEZ ARMOUR ET RAMSAY.

1850.

ESSAI COURONNÉ.

DE L'AVENIR ET DE L'INFLUENCE

DES

CANAUX DU CANADA:

ÉCRIT POUR LE PRIX OFFERT AU CONCOURS

PAR SON EXCELLENCE

LE COMTE D'ELGIN ET KINKARDINE,

GOUVERNEUR GÉNÉRAL DE L'AMÉRIQUE BRITANNIQUE DU NORD,

ETC., ETC., ETC.

PAR THOS. C. KEEFER, INGÉNIEUR CIVIL.

TORONTO :

CHEZ ANDREW H. ARMOUR ET CIE., KING STREET,

A MONTRÉAL : CHEZ ARMOUR ET RAMSAY.

1850.

MONTRÉAL :
IMPRIMERIE DE LOUIS PERRAULT,
RUE ST. VINCENT.

INTRODUCTION.

L'Essai suivant a été écrit pour le prix de cinquante louis, offert par le Comte d'Elgin et Kinkardine, Gouverneur Général du Canada.

On verra par l'extrait qui suit d'une lettre adressée par le major Campbell, Secrétaire du Gouverneur, à H. Ruttan, écuyer, Président de l'Association d'Agriculture du Haut Canada, en date du 8 août, quelle était l'intention de Son Excellence en offrant ce prix.

" Son Excellence désire offrir le prix suivant au concours public, par l'entremise du Président de l'Association d'Agriculture du Haut Canada," savoir, " *Pour le meilleur traité sur l'influence des canaux du St. Laurent et de Welland sur les intérêts du Canada comme pays agricole—£50.* Les compétiteurs enverront leurs essais au Bureau du Secrétaire du Gouverneur, le ou avant le premier jour de février, 1850 ; chaque traité devra avoir un motto en tête, et être accompagné d'une lettre scellée, au dos de laquelle sera inscrit le même motto, avec indication du nom et de l'adresse de l'auteur. Cette lettre ne sera ouverte qu'après que le prix aura été décerné.

" L'intention de Son Excellence est que le conseil de l'Association nomme deux messieurs comme juges, auxquels Son Excellence en ajoutera un troisième.

" Comme Son Excellence désire que des renseignemens pratiques sur un sujet qui affecte aussi vivement les intérêts des agriculteurs du Canada, leur soient présentés dans un langage clair, et sous un format convenable et accessible à tous ; elle espère que les compétiteurs, en écrivant leurs essais, et les juges, en décernant leur sentence, ne perdront pas cet objet de vue."

Dix essais ont été envoyés dans le temps prescrit, et soumis à John Young, H. Ruttan et E. W. Thompson, écuyers, qui ont bien voulu agir comme juges dans cette occasion. L'essai suivant à été couronné ; mais plusieurs autres ont aussi reçu les plus grands éloges des juges.

Résolution adoptée par l'Assemblée Législative, le 8 août, 1850.

Que 400 exemplaires de l'essai couronné de M. Keefer sur les canaux de la province, soient pris pour l'usage de la Bibliothèque, pour être distribués suivant qu'il sera ordonné ci-après ; que cet essai soit traduit en français par les traducteurs de la Chambre ; et qu'un nombre égal d'exemplaires soit imprimé en français, sous forme de pamphlet, et distribué de la même manière.

DE L'AVENIR ET DE L'INFLUENCE

DES

CANAUX DU CANADA.

———

Le sujet de notre essai, dans son sens le plus étendu, embrasse la considération de l'influence du commerce sur l'agriculture,—influence qu'on ne saurait nier,—sur laquelle on ne peut se méprendre,—et que l'on peut tracer clairement dans les pages de l'histoire, depuis les siècles les plus reculés jusqu'à nos jours. Depuis l'époque où les "riches et puissans marchands" de Tyre, exploraient avec leurs vaisseaux les côtes du monde alors connu pour obtenir les produits de l'Espagne, de la Bretagne, de l'Inde ou de l'Afrique,—ou traversaient les déserts sablonneux de l'Arabie sur des chamaux chargés de "myrrhe, d'épices et de baume de Gilead," pour fournir ces objets à l'Egypte et à la Perse,—le pouvoir, les richesses et l'intelligence de chaque pays se sont accrus en proportion de l'étendue et de la variété de ses relations commerciales.

Des marchands Phœniciens achetent Joseph de Canaan, dont les songes avaient excité l'envie de ses frères, et le "vendent en Egypte,"—transaction où toute sa postérité se trouve intéressée : des vaissaux de Tyre transportent la connaissance des lettres "ce bel art de parler aux yeux" dans la Grêce alors barbare, et plantent les germes de cette civilisation qui fit briller Athènes, et qui

survécut à la chute de l'Empire Romain. Ces mêmes vaisseaux servent aussi à transporter l'or d'Ophir, et les cèdres
du Liban pour la décoration du temple de Jérusalem; et
le roi Salomon confie à un ouvrier de Tyre la confection
des ouvrages en bronze, " la piscine, les piliers, les
chapitaux, les grenades, et la pluie d'or," qui ornaient
et embellissaient la demeure choisie de Jehovah. Car-
thage, l'orgueilleuse rivale de Rome, la dernière maî-
tresse du monde, est fondée par ces flottes de Tyre dont
le pavillon franchit le premier les colonnes d'Hercule,
brava les dangers et les écueils de l'Atlantique alors in-
connue, et implanta les premières idées de commerce
dans cette île qui fut le berceau de nos pères,—connue
alors comme la borne la plus reculée de la région du
nord,—et devenue depuis la dominatrice absolue des mers.
Les armes de Tyre, qui résistèrent autrefois à la toute
puissance d'Alexandre, ont depuis longtemps succombé
sous la supériorité des autres nations formées par les arts
qu'elle leur avait elle-même apportés; mais l'influence
de ces mêmes arts exercera son empire sur toutes les
générations futures, et durera autant que les siècles. La
Méditerrannée, mer sans flux ni reflux, et dont la navigation offre peu de dangers, devait être le chenal naturel
du commerce dans les siècles où la navigation était encore
dans son enfance, alors que la Sicile était encore pour
les Grecs une terre de fables et de monstres; et ces villes
célèbres qui, pendant tant de siècles, dominèrent l'ancien
monde, ont dû principalement leur puissance et leur
gloire, à leur heureuse position, à la protection de leur
commerce, et à la puissance de leur marine. Et si plus
tard, nous examinons les traits caractéristiques et phisi-
ques des divers pays, nous trouverons que partout la population, la puissance et les richesses se sont agglomé-
rées sur les rivières navigables, et se sont accrues en proportion de la facilité des communications par eau.

La Grande Bretagne doit sa grande puissance, sa richesse et sa supériorité maritime, non pas seulement à ses mines de charbon, à ses minerais et à sa position insulaire, mais encore à l'étendue comparative et aux qualités navigables de ses rivières et de ses havres. L'accroissement des cités se développe proportionnellement à l'étendue des contrées d'où elles tirent leurs approvisionnemens, et suivant les facilités qu'elles ont de se les procurer. Londres n'eût jamais atteint ses proportions extraordinaires, sans la Thamise,—Paris sans la Seine,—New-York, sans l'Hudson, ou le Canal Erie,—ni la Nouvelle Orléans, sans le Mississipi ; et sans le St. Laurent, Montréal et Québec n'existeraient pas. L'absence de rivières navigables est la cause probable de l'extrême barbarie dans laquelle est plongée l'Afrique, excepté l'Egypte et les côtes de la Méditerrannée ; leur nombre et leur étendue au contraire ont fait de l'Asie la mère des nations, et de l'Europe, la partie la plus riche et la plus éclairée du globe.

Les rivières dont le cours suit la direction d'un méridien, telles que le Nil et le Mississipi, possèdent, pense-t-on, des avantages décidés sur celles qui suivent la direction des parallèles de latitude, telles que l'Amazone et le St. Laurent, en autant que ces premières traversent une grande variété de climats rapportant une variété de produits, et qu'elles jouissent par conséquent de plus grandes facilités pour le commerce. C'est pour cette raison que l'on suppose que la vallée du Mississipi, avec sa grande et merveilleuse étendue de navigation libre et sans obstruction, deviendra avant peu le siége d'un commerce tel que le monde n'en n'a jamais vu de semblable,—le blé, le lin, les fourrures, le bois, la laine et les manufactures du nord étant échangés directement, au moyen de la navigation intérieure, pour le sucre, le riz, le coton, le tabac et les fruits du sud. Il est cependant des considérations, sous le rapport du climat, qui modifient au premier coup d'œil ces avantages en perspective, bien qu'elles ne les contrebalancent nullement. Le peu de salubrité et la nature débilitante du climat opposeront toujours une barrière à l'accroissement de la population et du commerce dans des villes comme la Nouvelle Orléans ; et la dépendance où se trouvent les pays qui produisent des objets de luxe pour se procurer les premières nécessités de la vie, et l'inégalité des commandes des produits de leur industrie, donnent une fausse direction au travail, et sèment le doute et l'incertitude sur leur destinée future. L'accroissement relatif de New-York et de la Nouvelle Orléans, et les progrès commerciaux du Lac Érié et du Mississipi ne sont nullement défavorables aux régions du nord. Par suite de la similarité des productions sur les bords des rivières qui suivent presque les mêmes parallèles de latitude dans toute l'étendue de leur cours, l'échange des articles de commerce ne sera peut-être pas aussi considérable que dans le premier cas, mais l'identité d'intérêts et de sentimens maintiendra probablement le contrôle de leur grande voie de communication sous une jurisdiction commune ; —tandis que de l'autre côté, la diversité d'intérêts, et les tempéramens divers des populations qui commandent le débouché sud d'une grande rivière, peuvent être préjudiciables, sinon ruineux pour le commerce du nord,— les relations amicales et les tarifs favorables étant la condition indispensable de tout progrès commercial.

FLEUVE ST. LAURENT.

La position du fleuve St. Laurent, sous le rapport du climat et de la latitude, est de nature au premier coup d'œil à produire le doute et le découragement :—mais après un mûr examen, il faut reconnaître, (ce qu'il fallait assumer d'abord,) que lorsque le créateur de toutes choses " sema les rivières du creux de sa main," il leur donna la direction qui devait en définitive produire le plus grand bien du plus grand nombre. Toute autre supposition serait contraire à la raison et à la foi ; et en conséquence, il est impossible d'assigner au St. Laurent une position plus avantageuse que celle qui lui fut donnée lorsque " Dieu lui même sépara les eaux ;" ou de lui trouver une embouchure qui convienne mieux à la vallée d'où ce fleuve tire sa source.　Nous ne pourrions trouver une sortie qui soit à l'abri des glaces et des frimas, au nord de la Virginie ;　nous ne pourrions améliorer la position des grands lacs ; et nous ne voudrions surêment pas abandonner la vallée des Outaouais, si riche en bois de toutes sortes, ni les mines de charbon du Cap Breton et de la Nouvelle Ecosse, ni les pêcheries du golfe.　On ne pourrait donc assigner à ce fleuve aucune direction qui, toute chose considérée, puisse offrir les mêmes avantages dans l'avenir.　Plus tard, nous parlerons de sa prétendue infériorité, et nous esseierons de constater sa valeur comparative, et les ressources de sa position.

Ce grand fleuve, qui, pour les fins commerciales, peut être considéré comme commençant au Lac Supérieur qui est le plus grand volume d'eau douce qui existe sur la surface du globe, laisse les mines précieuses qui se trouvent sur les côtes de cette mer intérieure, traverse en descendant six degrés de latitude qui embrassent une étendue extraordinaire de côtes, et une pêcherie d'eau douce dans l'archipel du Lac Huron, qui n'est surpassée que par celle plus étonnante encore qui se trouve à son embouchure, et pénètre ensuite dans la zone si riche en fruits de l'Ohio, de la partie ouest de l'Etat de New-York, et du Canada oriental,— jardin de l'Amérique du Nord pour la variété et l'excel-

lence de ses produits, et siége d'un commerce auquel
on ne saurait assigner de limites. Depuis le Lac Erié,
cette grand décharge se dirige vers l'océan Atlantique
dans une ligne presque directe, remontant à la même latitude qui forme son point de départ sur les rives nord du
Lac Supérieur. Nul doute que les grands Lacs Huron,
Michigan, Erié et Ontario n'exercent une influence favorable sur les contrées environnantes, car nous ne voyons
pas que la Nouvelle Angleterre ou la partie occidentale
de l'Etat de New-York produisent les mêmes fruits, bien
qu'elles soient situées dans les mêmes parallèles. C'est
cette embouchure septentrionale du St. Laurent qui a
fait douter des avantages qu'offre cette voie pour l'approvisionnement des régions supérieures, et l'écoulement de
leurs produits, bien qu'il soit le débouché naturel du
commerce et des eaux de ces contrées.

Si nous recherchons les causes du peu de cas que l'on a
fait de la route du St. Laurent, nous les trouverons peut-
être dans cette expression " débouché naturel ;" car nous
n'avons que trop et trop longtemps pesé et calculé les a-
vantages purement géographiques. *Jusqu'à ce jour*, cette
route s'est trouvée obstruée par des chutes et des rapides,
tandis que sa grande rivale, la voie du Mississipi, est *naturellement* navigable jusqu'à sa source même. L'ouverture d'une route artificielle depuis Albany jusqu'à Buffalo,
près de vingt ans avant qu'on eût commencé à améliorer
la navigation du St. Laurent, les avantages qu'offrent
une population et des richesses plus considérables, et la
politique exclusive et peu sage que nous avons suivie, ont
aussi contribué à détourner le commerce de l'ouest de
son chenal naturel : cette circonstance, loin de nous décourager, devrait au contraire nous enseigner qu'une
grande entreprise nationale peut contrebalancer les avantages " naturels," et nous montrer que l'on peut, à l'aide
d'efforts constants et bien dirigés de notre part, attirer

par la voie du St. Laurent, le commerce des régions
de l'ouest situées au nord de l'Ohio, dont le Mississipi est
le " débouché naturel."

CLIMAT.

On a grandement déprecié le climat du Canada, et il
y a tout lieu de croire que l'on en a exagéré les inconvéniens, sans en considérer les avantages ; car il est évident que notre commerce, notre richesse et notre prospérité dépendent en grande partie de ces mêmes conditions
que l'on prétend militer contre nous.

Le climat du Canada est sans contredit plus froid en
hiver, et plus chaud en été que celui des pays situés dans
les mêmes parallèles sur le continent de l'Europe, mais il
est en même temps moins variable ; et ces extrêmes, qui
paraissent si peu favorables au premier coup d'œil, ten-
dent en réalité à augmenter la variété de nos productions
bien au delà de celles des pays situés dans les mêmes
latitudes en Europe. Les chaleurs fortes et constantes de
nos étés mûrissent avec une rapidité étonnante les plantes les plus précieuses, tandisque le froid extrême de nos
hivers nous permet de combiner les produits des climats
du nord avec ceux des climats du sud.

Le raisin, les pêches, les melons viennent parfaitement
dans le Canada Ouest, mais ne réussissant pas dans le
climat plus humide de l'Angleterre ; tandis que le blé,
qu'on ne peut récolter dans la Norvège, mûrit dans les
mêmes latitudes du Canada Est. Nous pouvons par conséquent embrasser une variété de produits, depuis le tabac, le riz, et les fruits des climats tempérés, jusqu'au
blé, au chanvre et aux grains que produisent les climats
du nord. La sévérité de nos hivers est peu favorable à
l'élève du bétail, et augmente la consommation du bois
de chauffage ; et cependant sans les frimas, la glace et la

neige, les bois précieux de nos grandes et belles forêts ne nous seraient d'aucune utilité : et comme il ne paraît pas que la fertilité du sol souffre de la gelée, nous sommes en droit de supposer que nos hivers ont le même effet sur les productions particulières à notre climat, que le sommeil pour redonner de la vigueur au corps humain : et lorsque l'hiver a déposé son manteau de neige, le sol, " comme un géant dont les membres fatigués sont raffraichis par le sommeil," puise une nouvelle force pour produire cette végétation rapide et luxuriante qui rend inutile un été plus long. Et nous avons tout lieu de croire et espérer que notre climat s'améliorera sous ce rapport. Gibbon nous dit que " du temps de César, le Rhin et le Danube gelaient au point, que des hordes de barbares fésaient des irruptions sur la glace avec leur cavalerie et des charriots pesamment chargés,—évènement dont il n'y a pas d'exemple dans les fastes de l'histoire moderne." La renne que l'on trouve maintenant au sud de la Laponie ou de la Sybérie, habitait alors la forêt d'Hyrcynie, au centre même de la Germanie et de la Pologne.

" Les forêts immenses qui interceptaient les rayons du soleil, et empêchaient ses rayons de réchauffer la terre, ont été défrichées, les marais desséchés ; et à mesure que le sol a été cultivé, l'air est devenu plus tempéré. Le Canada de nos jours est un peinture fidèle de l'ancienne Germanie. Bien que situé dans le même parallèle que les plus belles provinces de la France et d'Angleterre, ce pays éprouve le froid le plus rigoureux. Les rennes, (cariboux) s'y trouvent en grand nombre, la terre y est longtemps couverte d'une neige épaisse, et le grand fleuve St. Laurent y gèle régulièrement, dans une saison où la Seine et la Thamise sont ordinairement libres de glaces." N'oublions jamais que c'est plus à notre climat qu'à notre sol, que nous devons une récolte certaine et abondante de blé,—article de première nécessité pour les peuples civilisés, et denrée qui forme le principal objet de notre commerce.

Mais avant d'essayer de maintenir la thèse que nous avons avancée à l'égard du St. Laurent, et de considérer l'influence qu'exercera cette voie sur les intérêts agricoles du Canada, lorsqu'elle aura été rendue navigable,—examinons d'abord la nature des améliorations apportées à sa navigation, et passons en revue l'état de son commerce passé et présent, afin de pouvoir nous former une idée exacte de ce que le commerce promet pour l'avenir. Ce sujet embrasse un cercle très étendu ; les intérêts agricoles du Canada sont les intérêts de la presque totalité de sa population dont les quatre-cinquièmes s'occupent directement d'agriculture,—presque tous dépendant d'elle pour trouver les moyens d'existence.

Toutes les considérations, soit étrangères ou domestiques, qui exercent l'influence même la plus reculée sur le commerce du Canada, doivent nécessairement affecter nos canaux et les intérêts agricoles d'un pays qui, déjà, produit un excédant de céréales, et auquel il est de la dernière importance d'ouvrir un marché pour l'écoulement de cet excédant. La politique suivie par l'état de New-York relativement à ses canaux, a été appelée par une bonne autorité, l'histoire politique de cet état ; heureux pour nous, si l'avancement commercial eût été le but principal de nos chefs politique ! Si l'on eût fait la dixième partie des efforts que l'on a employés avec tant de persévérence pour obtenir le gouvernement constitutionnel et la rotation des charges, et qu'on eût dirigé ces mêmes efforts vers l'abolition des restrictions commerciales et le développement du commerce du St. Laurent, nous jouirions depuis long-temps de cette liberté de commerce dont nous sommes maintenant redevables à l'égoisme et à l'intérêt du manufacturier anglais. La prospérité commerciale peut supporter les taxes les plus lourdes, comme en Angleterre ; mais la négliger, c'est la tuer.

AMELIORATION DU ST. LAURENT DANS L'ORIGINE.

A venir jusqu'à l'année 1822, le Bas-Canada possédait le contrôle absolu du St. Laurent ; puis, il a jouis du contrôle virtuel de ce fleuve jusqu'à l'époque de l'union en 1841 ; mais une fausse politique semble avoir présidé, pendant nombre d'années, aux conseils de ceux qui dirigeaient son commerce. Le canal de Lachine fut l'unique objet de la sollicitude du gouvernement ; et la législature avança plus de £100,000 pour cet ouvrage, de 1822 à 1829. Les dimensions furent celles d'un canal pour le passage de bateaux ; et la confection des travaux militaires sur la même échelle, par la voie de l'Outaouais et du Rideau jusqu'à Kingston, détourna l'attention publique, et fit oublier l'idée d'améliorer la voie principale. La province inférieure qui possédait alors plus de richesse et une plus forte population, aurait dû prendre l'initiative dans cette grande entreprise ; mais la voie du Rideau déjà ouverte, et ces malheureuses " considérations militaires " qui ont toujours été un obstacle à notre avancement, accréditèrent l'opinion qu'il fallait abandonner l'usage de notre beau fleuve, par le motif que les occupans de la rive opposée *pourraient peut-être un jour* détruire la voie commune qui alimentait les deux pays.

Une autre supposition moins favorable, c'est que voyant la grande échelle sur laquelle le Haut-Canada avait construit le canal de Welland, et celle qu'elle proposait pour le St. Laurent, la législature du Bas-Canada voulut décourager un projet qui tendait à ouvrir les lacs jusqu'à l'océan, et à enlever à la province inférieure les avantages résultant du transbordement des produits et marchandises. Les commissaires du Haut-Canada n'hésitèrent pas à lancer cette accusation en 1825 ; mais sans manquer à la charité, on peut dire avec justice, que le Bas-Canada a trop compté sur les besoins de la province supérieure, et n'a pas assez apprécié le commerce croissant des régions qui bordent les grands lac de l'ouest,—commerce qui a non seulement éclipsé tout le commerce d'importation et d'exportation de Montréal et de Québec, mais dont la valeur a excédé tout le commerce d'exportation étrangère aux Etats-Unis par tous ses ports de mer.

Ou commença d'abord à construire les canaux militaires de l'Outaouais sur la même échelle que celle du canal que l'on construisait alors à Lachine, savoir :—pour le passage des bateaux du port de 100 tonneaux. Après avoir construit trois écluses d'après ce plan (sur la section Grenville,) on doubla l'échelle, et l'on aggrandit les écluses de manière à donner passage aux steamers ou bateaux du port de 200 tonneaux. Ces trois petites écluses existent encore à l'heure qu'il est sur une *chaîne* de quarante écluses plus grandes, neutralisant ainsi tous les avantages qu'on attendait de cet élargissement ;—monument qui atteste la centralisation impériale, et la fausse politique ou l'impuissance de l'influence coloniale, et qui justifie pleinement la dépense faite depuis par la province pour l'amélioration du St. Laurent. Une autre cause saillante qui a fait échouer les routes du Rideau et de l'Outaouais, c'est la nécessité d'employer la vapeur pour une navigation aussi insignifiante. Le léger tirant d'eau (quatre pieds et demi), et les dimensions étroites des écluses de Grenville nécessitaient le transbordement à Kingston et Montréal. L'absence d'un chemin de halage jeta le commerce de transport entre les mains des grandes compagnies ; le commerce descendant (qui est bien la plus forte proportion) suivit les rapides du St. Laurent ; mais pour ramener les bateaux, il fallut avoir

recours aux propriétaires des bateaux à vapeur.   Ce sys-
tême qui exigait des arrangemens et des capitaux considérables, entraîna nécessairement le monopole à sa suite,
lequel, tout en enrichissant les marchands de transport,
contribua rapidement à la construction du canal Erié. Si
l'on eût d'abord construit le canal du Rideau sur une
échelle qui eût permis le passage aux vaisseaux qui naviguent sur les lacs, ou si l'on eût fait un chemin de halage comme celui qui existe sur le canal Erié, de manière à donner à tout équipeur qui possédait une paire de
chevaux la faculté de se servir de ce chemin, il est tout
probable que l'on n'aurait pas encore entrepris les travaux du St. Laurent. Cependant nous n'avons rien à regretter sous ce rapport ; l'argent a été dépensé " pour les
fins militaires " tout aussi avantageusement qu'il l'aurait
été partout ailleurs ; et il est douteux que cette route
pût longtemps fournir un volume d'eaux suffisant pour
suppléer aux besoins d'un commerce étendu.

En 1827, le Bas-Canada prit pour £25,000 de parts
dans le canal de Welland, qui était alors en voie de construction,—démarche qui fait également honneur à la li-
béralité de la législature, et à la persévérance de ceux
qui en avaient projeté la construction ; en 1831, la législature vota £10,200 " pour mettre les bateaux en état de
remonter les Cascades, etc." En 1833, tandis que le
Haut-Canada, après avoir surmonté, au moyen du canal de Welland, les obstacles que présentait la chute de
Niagara, s'occupait des moyens d'enlever la seule barrière formidable dans l'étendue de sa jurisdiction, qui
s'opposât à une jonction avec l'océan, par la construction du canal de Welland,—le Bas-Canada nomma une
commission pour s'enquérir de la convenance de seconder les efforts de la province supérieure ; mais on en
resta là,—aucun argent ne fut voté,—et les troubles qui
éclatèrent subséquemment dans cette province eurent l'ef-

fet d'ajourner le règlement de cette question jusqu'après
l'union.

CANAL DE WELLAND.

Peu de temps après la fin de la guerre américaine, le
Haut-Canada s'occupa de l'amélioration du St. Laurent,
de sa position, et des disputes existantes entre les deux
provinces ; il voulut aussi régler sa part des droits prélevés sur les importations par mer ;— de là le désir de
s'ouvrir un passage jusqu'au littoral de la mer.   De 1818
à 1824, la législature vota £4000 pour faire un relevé des
obstructions qui s'opposaient à la navigation du St. Laurent dans l'étendue de ses limites ; et c'est durant cette
dernière année, que la compagnie du canal de Welland
obtint sa charte.

Cette fameuse entreprise fut commencée en 1818 par
quelques habitans du district de Niagara, qui nivelèrent
le banc de rocher qui sépare les eaux qui se déchargent
dans le St. Laurent au dessus et au dessous de la chute
de Niagara. Ils n'avaient pour guider ou diriger leurs
efforts, ni personnages officiels, ni ingénieurs célèbres,
ni grands commerçants, ni chefs politiques distingués ;
tous, à l'exception d'un seul, étaient des cultivateurs et
marchands de campagne, résidant dans le Township de
Thorold, et naguère camarades de l'intrépide général
Brock. Ils n'avaient sous les yeux aucun précédent dont
l'heureuse réussite pût les encourager ; et un peuple quatre
fois plus nombreux, et qui commandait le commerce de
cet océan Atlantique qu'à peine un seul de ces hommes
avait jamais vu, venait d'entreprendre la construction du
canal Erié. Il n'y avait alors qu'un seul bateau à vapeur sur le lac Erié ; les lacs Huron et Michigan n'é-
taient connus seulement que des sauvages et des trafiquans de pelleteries. Buffalo, ville de 4000 âmes,

n'était encore qu'un village ; et Chicago et Milwaukie n'existaient alors qu'en embrion.   Tout le commerce au-dessus de Niagara, avec sa nappe d'eau de 13,000 lieues carrées et ses 1000 lieues de côtes, n'employait que quarante voiles dont deux seulement du port de plus de cent tonneaux. Et cependant, il n'en est pas moins vrai, que c'est sous des auspices aussi frêles et aussi modestes qu'on trace l'origine de cette politique qui a depuis renversé les barrières élevées par la nature qui s'opposaient aux relations commerciales de l'Amérique centrale du nord avec l'univers entier ; et les personnes qui, les pre-mières, prirent part à cette entreprise ont vécu assez longtemps pour voir des centaines de palais flottans poussés par la vapeur, et plus de cinq cents voiles sillon-ner les eaux des grands lacs de l'Ouest. Ces personnes ont vu le tonnage de 1818 se décupler,—la population des bords du lacs s'accroître avec une merveilleuse rapi-dité,—et une émigration partir de son sein, à la recher-che de l'or de la Californie, faire les deux tiers du tour du globe dans un vaisseau bâti sur les lacs, pour coloniser des régions conquises autrefois par l'Espagne.

En 1833, après avoir étendu la navigation du St. Laurent près de 350 lieues dans l'intérieur, par la con-fection du canal de Welland, le Haut Canada vota £70,000 pour l'amélioration du fleuve entre Prescott et la frontière Est de la province, cet objet étant " de la plus haute importance pour les intérêts agricoles et commer-ciaux de la province," tel qu'indiqué dans le préambule de l'acte. En 1834, la législature autorisa le magnifi-qué emprunt de £350,000 pour cet objet, et décréta que les écluses auraient 200 pieds de longueur sur 55 de lar-geur, avec un tirant de pas moins de neuf pieds d'eau. En 1837, la manie des canaux fut portée à son comble dans la province supérieure ; on autorisa le prélèvement d'une nouvelle somme de £245,000 pour l'achèvement permanent du canal de Welland, dont les écluses en bois tombaient rapidement en ruine ; et dans la session de la même année, le Haut-Canada vota la somme énorme de £930,000 pour les améliorations intérieures. Ces magnifiques " résolutions" devinrent en partie illusoires par suite de la crise politique qui éclata bientôt après.

Lors de l'union des provinces en 1841, l'on vota, durant la première session, £1,319,182 sterling pour les canaux du St. Laurent et de Welland, le canal de la Baie de Burlington, et les havres du lac, et plus de £350,000 sterling pour d'autres améliorations. Le rapport favorable du comité,—qui contenait l'allocation allouée * pour l'amélioration du St. Laurent, est dû aux efforts du chef de ce parti, qui, sur le banc de rochers de Thorold, plus de vingt années auparavant, avait projeté l'annihilation des obstructions apportées au commerce par les chutes de Niagara. L'allocation pour l'achèvement des canaux du St. Laurent avait été mise de côté dans la susdite appropriation, et le sort de cette navigation ne dépendait alors que d'un seul vote, et ce vote était hostile. Bien que les journaux n'offrent aucun indice de la lutte, il se livra à ce sujet un combat en comité, avec des chances di-

---

* En 1841, M. Harrison, après avoir obtenu £844,000 pour la confection de canaux, havres, glissoires et chemins, proposa la résolution suivante qui aurait eu l'effet d'ajourner l'amélioration du St. Laurent.

Résolu,—Que l'amélioration de la navigation du fleuve St. Laurent devrait être entreprise et achevée, aussitôt que le gouvernement de cette province pourra négocier et obtenir d'aucune compagnie ou compagnies privées, un emprunt de pas moins de £500,000, à un taux réduit d'intérêt.

M. Merritt proposa les résolutions suivantes :—

Résolu,—Que les grands lacs du Canada, et le fleuve St. Laurent sont le débouché naturel vers l'océan des contrées qui bordent leurs eaux, et offrent de grands avantages pour ouvrir des relations commerciales avec les pays lointains.

Résolu,—Que l'achèvement de ce canal (St. Laurent) conférerait les plus grands avantages à la grande masse des habitans du Canada, et serait avantageux pour tous ; et que c'est en conséquence l'opinion de cette Chambre, qu'un emprunt de £500,000 soit prélevé et réalisé au moyen de débentures payables dans vingt ans, portant intérêt à un taux de pas plus de cinq pour cent, payable tous les six mois à Londres."

verses de succès ; et après plus d'un revers, la victoire fut finalement remportée par cette même patience, cette persévérence et cette énergie indomptable, au moyen desquelles on avait déjà réussi à mener à une heureuse fin l'achèvement du canal de Welland. Les résolutions proposées, rejetées, amendées et présentées de nouveau à plusieurs reprises dans ce comité, furent " celles de 1841," et non celles sur lesquelles le charlatanisme politique a dirigé l'attention publique à l'exclusion d'objets plus pratiques,—lesquelles, bien qu'excellentes en elles-mêmes ne servent qu'à donner des pierres au peuple qui demande du pain,—substituent les théories gouvernementales aux communications faciles—et sèment les fictions politiques là où l'on devrait ouvrir des marchés pour l'écoulement des produits du pays. Il est de fait, que tandis que la caisse provinciale a saigné par tous les pores pour " des considérations politiques," des administrations rivales ont retardé d'année en année, d'une manière inutile et criminelle, l'achèvement de nos canaux.

CARACTÈRE DE LA NAVIGATION DU ST. LAURENT.

Il est bien connu qu'il existe une grande différence entre l'échelle des améliorotions qui relient Prescott et Montréal, et celles qui ont été faites entre les lacs Erié et Ontario. Les écluses du canal de Welland ont 150 pieds de longeur sur $26\frac{1}{2}$ de largeur, tandis que celles des canaux du St. Laurent ont 200 pieds de long et 45 de large ; le tirant d'eau dans les deux navigations étant de neuf pieds en moyenne. Cette différence dans les dimensions des canaux a donné lieu à quelque critique ; et l'on a souvent regretté de ne pas avoir donné les mêmes proportions aux écluses du canal de Welland qu'à celles des canaux du St. Laurent. Nous ôsons dire que ces regrets sont prématurés ; car l'expérience du passé, nous fait voir qu'aucune amélioration importante ne peut maintenant être suggérée à cet égard. Les écluses du canal de Cornwall ont cinquante cinq pieds de largeur : après l'union, cette largeur fut très à propos réduite de dix pieds pour les autres ouvrages ; car chaque pied de largeur additionnelle ajoute aux frais et à la difficulté d'ouvrir et fermer les portes, sans compter le délai occasionné pour remplir les écluses d'eau. Il y a sur le canal de Welland un chemin de halage pour les chevaux ; mais sur le St. Laurent, l'emploi de la vapeur entre les différens canaux est indispensable à cause des courans, et de l'éloignement du chenal de la rive par suite des îles et des battures qu'on rencontre dans le fleuve. Il suit par conséquent qu'une écluse pour le passage d'un bateau remorqueur d'une grandeur suffisante pour contenir la bouilloire et l'engin, et recevoir un nombre et une quantité raisonnable de fret et de passagers, répond pleinement aux besoins de cette route ; et à cet égard, nous pensons que les dimensions actuelles sont pleinement suffisantes. C'est pourquoi, le projet d'une navigation avec tous les perfectionnemens de transport inventés depuis l'emploi de la vapeur, eût été absurde et illusoire. Le modèle du bateau à vapeur le plus rapide est un problème qui n'est pas encore résolu en fait d'architecture navale ; déjà, l'on a porté les dimensions de ces bateaux à plus de 400 pieds de longueur et 75 de largeur, et ces proportions ne semblent limitées que par la largeur des rivières sur lesquelles ils sont destinés à naviguer et se mouvoir. Dans peu d'années, les chemins de fer auront remplacé les bateaux à vapeur pour le transport des malles ; et à l'exception d'une excursion de plaisir à travers les rapides, la locomotive n'aura laissé autre chose aux rivières que le transport des émigrés, du lard, de la farine et du bois.

Les dimensions des écluses du canal de Welland sont

4

admirablement adaptées à la classe de vaisseaux qui conviennent le mieux à la navigation des grands lacs de l'Ouest. Ils ont plus de vitesse que les meilleurs modèles construits pour le commerce de Buffalo et de Chicago, —modèles que l'on avait jugés les plus propres à la navigation des lacs, sans égard à ce canal. Il n'est pas toujours facile pour des navires plus larges de se procurer un complément de fret, et on ne peut les manœuvrer avec la même facilité sur tous les points du lac ; d'un autre côté, les frais de construction et d'administration, ainsi que les intérêts, tandis que ces vaisseaux attendent un chargement dans le port, ou n'obtiennent qu'un fret partiel, s'élèvent en proportion. Ces écluses sont également bien adaptées à une classe très utile de bateaux mûs par la vis d'archimède et à une autre espèce de bateaux pour le transport du fret et des émigrés, désignés sous le nom peu élégant de " *polly-wogs.*" Il n'y a pas la même nécessité d'employer sur ce canal des bateaux à vapeur de la même force, ni des écluses de la même grandeur que sur le St. Laurent ; et comme les terrains que traverse le canal de Welland, présentent une élévation de cent pieds plus considérable que celle qu'offrent tous les canaux réunis du St. Laurent, il eût été impolitique et peu sage à la fois de construire des écluses pour le passage de gros bateaux à vapeur, pour un commerce dont les neuf-dixièmes devront être transportés dans des embarcations qui auraient à peine suffi pour remplir la moitié de ces écluses. Vu cette inégalité de niveau, (350 pieds) et le besoin de nombreuses écluses, il aurait fallu le double du temps maintenant requis pour introduire l'eau dans ces écluses ; et la confusion créée par le passage de ces énormes bateaux à vapeur qui auraient réclamé le droit de passer avant les petites embarcations, aurait été un obstacle permanent à la navigation. D'ailleurs, les frais qu'auraient entraînés les portes des écluses, les fondations, les ponts, les aqueducs, les saignées, les canaux souterrains, et toute la partie du canal qu'il fallait excaver, se seraient accrus à un montant bien au-delà de nos moyens,—et cela pour obtenir une navigation inférieure en réalité à la navigation actuelle. Ni les passagers, ni les bateaux à vapeur n'auraient pu longtemps s'accommoder du retard d'un ou deux jours auquel il aurait fallu s'assujetir pour franchir les vingt-huit milles de canaux qui se trouvent entre les deux lacs ; et il en serait résulté ce qui arrive maintenant chaque fois qu'il devient nécessaire d'employer la vapeur pour transporter le fret, savoir : —que les bâtimens à voiles sont remorqués jusqu'au terminus du canal, et qu'il faut de là transporter le fret d'un lac à un autre au moyen de chevaux. Les bateaux à vapeur n'entreraient pas dans les canaux, parce qu'il n'y a aucun profit pour eux à transporter le fret dans un canal ; et cependant, ils remorquent facilement dix barils là où ils ne peuvent en transporter qu'un seul.

On a donné aux canaux du St. Laurent et de Welland une profondeur d'eau suffisente ; il y en a même plus qu'on n'en trouve dans plusieurs endroits des havres des lacs supérieurs, plus qu'on en rencontre sur les battures du lac St. Clair, et tout autant qu'il est nécessaire pour répondre aux besoins de la navigation du St. Laurent.

ENFANCE DU COMMERCE DU ST. LAURENT.

Après cet aperçu imparfait, mais indispensable des progrès et du caractère de notre navigation artificielle, il est nécessaire de passer en revue les commencemens du commerce du St. Laurent, les phases par lesquels il a passé, les vicissitudes qu'il a subis, et les règlemens commerciaux sous l'opération desquels il a fleuri, ou qui en ont retardé les progrès, avant d'espérer pouvoir exposer clairement les causes de sa dépression actuelle et de son infériorité apparante, ou indiquer les développemens que lui réserve l'avenir.

A venir jusqu'à l'année 1822, on a suivi une politique sage et libérale à l'égard de nos exportations : les productions de l'une et l'autre rive du St. Laurent, étaient indifféremment exportés dans les sœurs colonies, comme de provenance canadienne ; et les marchés de ces colonies étaient non seulement ouverts à nos céréales et provisions, mais encore à une grande partie de celles des Etats. Nos bois étaient reçus francs de droits sur les marchés britanniques, et de plus on avait imposé des droits excessifs et même prohibitoires sur l'importation des bois de la Baltique, dans le but d'encourager le commerce canadien et la marine anglaise. Notre blé fut exclu des marchés britanniques jusqu'en 1814 ; et après cette époque, il n'était admis que lorsque le prix en Angleterre s'élevait à environ deux piastres par minot, privilège qui était en partie illusoire : cependant, la demande fut suffisante dans les Indes Occidentales et les provinces inférieures tant que la libre exportation des produits américains fut permise par cette route. Dès l'année 1793, nos exportations de farine et de blé par la voie du St. Laurent, étaient de 100,000 barils ; et elles s'élevèrent, en 1802, à 230,000 barils. Les décrets de Berlin et de Milan de 1807, les ordres en conseil émanés en conséquence par le ministère britannique, l'embargo décreté par le président Jefferson, en 1808, et l'imposition de nouveaux droits sur les bois de la Baltique, donnèrent une telle impulsion au commerce du St. Laurent, que le tonnage arrivé au port de Québec en 1810, fut de 1000 pour cent plus considérable qu'en 1800. La guerre de 1812 et 1815 retarda naturellement le progrès d'un commerce qui dépendait tant des américains ; et nous trouvons en conséquence que le tonnage de 1820, ne dépasse que peu celui de 1810. En

1822, les actes du Parlement Impérial relatifs au commerce du Canada, en imposant un droit sur les produits agricoles des Etats-Unis introduits dans les colonies britanniques ou transportés dans les îles, détruisirent la moitié du commerce d'exportation du St. Laurent, et les récoltes abondantes qui eurent lieu simultanément en Angleterre arrêtèrent nos exportations sur ce marché.

Pour nous indemniser des dommages occasionnés par l'acte de 1832, nos blés et nos farines furent admis dans le Royaume Uni, en 1825, moyennant un droit fixe de cinq chelins sterling par *quartier*. L'ouverture des canaux Erié et Champlain dans cette conjoncture critique, donna une nouvelle direction aux exportations américaines qui avaient jusque là recherché la route de Québec ; et la navigation du St. Laurent en reçut un choc qu'elle n'aurait pas ressenti, si les mesures prises par le Parlement Britannique eussent *précédé* celles de 1822. Les avantages accidentels résultant des différends qui s'élevèrent entre les Etats-Unis et la Grande-Bretagne au sujet de la libre navigation, (différends qui entrainèrent à leur suite l'interdiction du commerce d'exportation des Etats-Unis aux Indes Occidentales, et qui en réduisirent la valeur de £500,000 qu'elle était en 1826, à moins de £500 en 1830,) rétablirent pour un temps notre ancien commerce. Le commerce du St. Laurent reprit aussi vigueur par la réadmission *libre* en 1826 (après quatre années d'exclusion) des bois et des alkalis américains sur les marchés britanniques, et par la réduction du droit sur la fleur destinée pour le marché des îles, de telle sorte qu'il se releva rapidement, et qu'en 1830, il avait pris des proportions auxquelles il avait été loin d'atteindre en 1820.

En 1831, il y eut un retour complet à la politique qui avait été adoptée avant 1822. Les bois et les produits agricoles des Etats-Unis furent admis en franchise en

Canada, et furent de là exportés comme produits canadiens dans tous les pays, excepté la Grande-Bretagne ;
et un nouvel avantage fut conféré par l'imposition d'un
droit différentiel en notre faveur sur les bois étrangers
importés dans les Indes Occidentales ou dans les possessions de l'Amérique du sud. Nos exportations de farine
et de blé par mer durant le cours de cette année, principalement dans la Grande-Bretagne où il y avait alors une
disette de céréales, s'élevèrent à environ 400,000 barils,
et excédèrent pour la première fois notre exportation de
farine, en 1822 ; en conséquence de la demande plus
près de chez nous, et des ravages de la mouche hessoise
dans le Bas-Canada, cette quantité n'a été dépassée
qu'en 1844. De 1832 à 1839, il y eut disette dans les
Etats-Unis, et nos céréales y furent en grande demande ;
et les récoltes en Angleterre ayant été plus abondantes
qu'à l'ordinaire de 1831 à 1836, l'ordre de choses se
trouva renversé sur le St. Laurent, au point que la
Grande-Bretagne envoya du blé à Québec. Il en vint
aussi un approvisionnement d'Archangel. Le chiffre de
ces importations, en 1835 et 1836, se monta à 800,000
minots : une demande semblable en 1829, avait dirigé
l'exportation des céréales vers l'intérieur : cependant,
malgré cette fluctuation dans nos exportations, l'importance et la valeur du commerce et de la marine du St.
Laurent s'accrurent rapidement sans relaps continu jusqu'à l'année 1842. La révulsion de 1842, résultat d'une
de ces crises périodiques qui affectent le commerce, fut
sentie généralement, et fut encore aggravée en Canada
par la répétition des mesures de 1822 qui ne s'attaquè-
rent pas seulement aux céréales, mais qui frappèrent le
grand produit du Canada, le bois. Les droits sur les
bois de la Baltique furent réduits ; la libre importation
de la fleur américaine fut arrêtée par l'imposition d'un
droit ; et notre commerce avec les Indes Occidentales fut

annihilé par la réduction du droit sur la fleur américaine expédiée dans ces îles. En imposant un droit de deux chelins sterling par minot sur la fleur américaine importée en Canada, et en réduisant ce droit dans les Indes Occidentales de cinq à deux chelins, il s'opéra une amélioration égale à cinq chelins sterling par baril, en faveur de la fleur américaine exportée du Mississipi, de Baltimore et de New-York. La valeur de notre commerce avec les Indes Occidentales (durant l'exclusion des Américains) s'était élevée au chiffre de £226,500, et en 1846, elle n'était que de £1010 !

Nos exportations aux provinces inférieures (la Nouvelle Ecosse, le Nouveau Brunswick, le Cap Breton, etc.) atteignirent leur apogée en 1836 ; depuis cette époque, elles ont éprouvé des fluctuations, mais elles n'ont jamais atteint le même degré de prospérité. Qu'on se rappelle que les Américains étaient alors obligés d'importer leurs céréales, et ne pouvaient par conséquent lutter avec Québec pour l'approvisionnement de ces provinces. L'acte de 1842 a été presqu'aussi funeste à notre commerce avec les provinces du golfe, qu'il l'a été pour celui des Indes Occidentales ; mais depuis l'ouverture de nos canaux, il y a eu une amélioration visible à cet égard. En 1841 (avant la mise en vigueur de l'acte connu sous le nom de *Gladstone Act*) notre commerce d'exportation avec les provinces inférieures représentait une valeur annuelle de £114,000 ; il est depuis tombé aussi bas que £51,000, en 1844. En 1845, les canaux de Beauharnois et Welland furent ouverts au public ; et depuis cette époque, notre commerce s'est rétabli graduellement, de telle sorte que depuis que le canal de Lachine a été agrandi, il a repris ses proportions de 1841, et qu'il s'accroit maintenant d'année en année. De même que l'interruption de notre commerce avec les Indes Occidentales causée par l'acte de 1822 relatif au commerce du Canada, fut suivie, en 1825, de l'autorisation permanente d'exporter nos céréales sur les marchés britanniques, et des concessions obtenues en 1826 ; de même, la seconde interruption, ou plutôt la destruction de notre commerce fut également suivie, en 1843, du privilège important d'exporter sur le marché britannique le blé américain reçu moyennant un droit nominal, comme blé du Canada, sans obligation de prouver sa provenance. Cette mesure offrait une prime virtuelle d'enviren six chelins par quartier aux exportations américaines dans la Grande Bretagne par la voie du St. Laurent ; mais comme elle portait aussi un coup indirect aux lois anglaises des céréales, cette même mesure renfermait en elle-même, comme les fusées d'une bombe, les germes de sa propre destruction ; elle était trop excellente pour durer longtemps. Cette mesure si favorable eût l'effet de grossir rapidement nos exportations de fleur et de blé, de sorte qu'en 1846, plus d'un demi million de barils, et autant de minots de ces deux produits furent expédiés du Canada par mer.

La grande demande de bois pour les chemins de fer en Angleterre, détourna depuis le coup dont le commerce de bois du St. Laurent était menacé par l'acte de 1842, en sorte que nos exportations de cet article ont été plus considérables depuis cette époque qu'auparavant.

En 1846, la législature britannique adopta des mesures dont le résultat fut le retrait de cette préférence dont le St. Laurent avait joui par accès, et qui avait pour ainsi dire fait de ce fleuve la route des exportations américaines dans la Grande-Bretagne ; et le nouveau système entra en pleine opération en 1849. Les demandes, dans l'intervalle, provenant du manque des récoltes de patates, jetèrent beaucoup de doute et d'incertitude sur la tendance finale de ce changement important apporté dans nos relations avec la mère-patrie ; et comme conséquence nécessaire, l'ancien système qui avait pour but de maintenir " la marine, les colonies et le commerce," est tombé par terre. En 1847, la législature impériale nous abandonna le contrôle des douanes ; et la dernière, comme aussi la plus importante mesure qui nous a délivré des funestes effets des lois de navigation britanniques, est entrée en opération avec le commencement de la présente année.

Nous payons maintenant, comme tous les étrangers, un chelin sterling par quartier de huit minots, sur le blé et la fleur que nous exportons en Angleterre, et vingt pour cent sur le blé et la fleur expédiés dans les Etats-Unis. Ainsi donc, assaillis comme nous le sommes, " par un feu de front et de flanc," c'est à nous de lutter courageusement pour nous ouvrir un débouché sur les marchés de l'univers par la voie du St. Laurent, et pour forcer nos pratiques, par la bonne qualité de nos articles, à suivre cette voie. Le droit " nominal" exigé sur le marché britannique est plus élevé que n'était le fret entier d'un baril de fleur de New-York à Liverpool en octobre dernier,—plus élevé que tous les péages prélevés sur nos canaux depuis Chicago jusqu'à l'Océan,—et il est d'un denier moins fort que l'estimation du fret d'un baril de Buffalo à New-York par la voie du canal Erié. S'il arrivait par suite de nouvel ordre de choses, que les produits des colonies fussent admis *francs de droits* sur les marchés du Royaume-Uni, ce privilège, depuis l'abrogation des lois de navigation et l'ouverture de nos canaux, opérerait tout autant comme une prime en faveur de la route du St. Laurent que le tarif de 1845 ; mais s'il n'avait d'autre effet que de nous replonger dans notre ancienne léthargie, l'avantage qu'on en retirerait serait très problématique, et ne saurait avoir de prix à nos yeux dans ce moment qu'à cause des droits comparativement légers et des taux modiques auxquels on peut transporter le fret dans les vaisseaux qui arrivent de l'Europe avec des chargemens.

Dans toutes ces vicissitudes commerciales, le malheur a voulu qu'on ait tenté de guérir plutôt que de prévenir nos maux ; et il n'est pas difficile d'imaginer l'effet que la politique du Parlement Impérial, par les actes de 1822, 1825, 1826, 1828, 1831, 1833, 1842, 1845, 1846 et 1849, a dû avoir sur les personnes qui sont engagées dans les affaires depuis vingt-cinq ans, et qui ont été témoins de tous ces changemens. Pouvait-on s'attendre qu'on plaçât de forts capitaux dans le commerce canadien, dans de telles circonstances ? Aussi, après un demi siècle d'exportations, nous nous trouvons à la vérité, débarassés d'un grand nombre d'entraves nuisibles au commerce, mais aussi nous n'avons pas de marine canadienne, et notre commerce est exploité par les agens de maisons établies par delà l'Atlantique. Nous ne sommes plus, il est vrai, sous la férule des lois de navigation ; nous ne nous confions plus en la sécurité d'une fausse protection ; et nous jouissons maintenant de cette belle liberté que ressent le pauvre qui est chassé de l'atelier où il trouvait de l'ouvrage. Si notre affranchissement commercial eût précédé l'abandon où nous a laissé la mère-patrie sous le rapport commercial ; et si nous eussions joui, pendant quelques années, d'un commerce libre et sans restrictions, avant l'expiration du système de protection, l'esprit des gens ne serait pas aussi dérouté qu'il l'est actuellement. Toutefois en jetant un regard rétrospectif sur les diverses phases par lesquelles nous avons passé, nous ôsons affirmer qu'on trouverait peu d'hommes sensés et refléchis, quelques soient d'ailleurs leurs sentiments politiques, qui voulussent retourner à l'ancien système de législation vacillante, de protection et de restriction, d'attraction et de répulsion alternative. Les lois de navigation et l'acte des possessions

britanniques réglaient notre commerce de telle sorte que
nous étions obligés d'employer des vaisseaux britanniques
dont le maître et les trois-quarts de l'équipage devaient
être sujets britanniques. Le commerce avec l'Asie et le
Cap de Bonne Espérence nous était interdit au profit de
la compagnie des Indes Orientales. Nous ne pouvions
expédier nos provisions salées dans aucune des possessions britanniques ; nous ne pouvions importer le thé, le
sucre, le café, ou les articles manufacturés d'aucun pays
étranger. Aucun navire étranger ne pouvait nous apporter de cargaison à moins que ce vaisseau ne fût bâti
dans ce même pays, qu'il n'appertînt, et ne fut commandé par un maître et navigué par un équipage dont les
trois-quarts fussent des nationaux ; et l'on exigeait en outre
la preuve la plus rigoureuse de tout cela. De même, nous
ne pouvions expédier de chargement dans un navire étranger, s'il n'était bâti et navigué comme susdit, et à moins de
donner une obligation et des cautionnements portant que le
chargement serait transporté directement dans le pays
auquel ce navire appartenait, et ne serait ni débarqué,
ni augmenté ou diminué durant le cours du voyage.
Les mêmes restrictions pesaient sur notre commerce avec
l'Europe et l'Afrique. Les marchandises importées dans
les vaisseaux étrangers étaient frappées de droits très
lourds, et nos importations des pays étrangers étaient limitées aux articles énumérés dans une cédule dont le thé,
le café, le sucre, les viandes et le poison salés, les vins,
les boissons, les épices, les soiries, le cuir, le sel, la mé-
lasse, le fer, les quincailleries, la poterie, le charbon,
les verreries, les gréements de vaisseaux, les machi-
nes, les livres, le beurre, le fromage, le sain-doux, l'a-
cier, le métal, les minéraux, les caractères d'imprimerie, la peinture et l'huile, les outils et même les effets
des émigrés, les manufactures de toutes sortes, soit coton-
nades, toiles ou lainages, le fer, la terre ou le bois étaient

rigoureusement exclus.   Le charbon britannique apporté comme lest à Québec ne pouvait-être ré-exporté.   En 1825, ou se relâcha de quelques unes de ces restrictions ; mais comme pour compenser cette faveur, on alloua une diminution de dix pour cent en faveur des articles étrangers importés des entrepôts britanniques.   On obtint aussi d'autres concessions de temps à autre ; mais les principales restrictions demeurèrent en pleine vigueur jusqu'à la mise en opération de l'acte de 1842.   Il est vraiment étonnant qu'aucune somme de protection, ou que la législation même la plus ingénieuse ait pu maintenir sur pied un commerce aussi hérissé d'entraves et de restrictions.   Cependant, le commerce passé du St. Laurent a progressé d'un pas ferme et d'une manière satisfaisante, en dépit des inconvénients qui ont peut-être plus que contrebalancé la protection excentrique dont il a joui. En passant en revue ce commerce depuis l'établissement de la paix, on trouve en 1820, que le tonnage arrivé par le fleuve, s'est élevé au chiffre de 150,000.   De 1820 à 1830, l'opération des actes du commerce, l'imposition d'un droit de dix chelins sterling par voyage sur notre bois, et la réduction de treize chelins sur celui de la Baltique, l'ouverture des canaux de l'Erié et du Champlain, et la mauvaise récolte de 1823 tournèrent la balance contre notre commerce ; le tonnage néanmoins s'accrut de cinquante pour cent, tandisque l'accroissement correspondant à New-York, durant cette période, ne fut que de cinquante pour cent.   De 1830 à 1840, les ravages de la mouche à blé dans le Bas-Canada, la ré-admission des produits américains sur les marchés des Indes Occidentales, les récoltes plus abondantes qu'à l'ordinaire en Angleterre de 1831 à 1836, la rareté et la non-exportation de produits américains entre 1832 et 1839, et nos propres troubles politiques entravèrent le commerce du St. Laurent ; cependant, l'accroissement du tonnage fut près de cent pour cent, tandis qu'à New-York, il était de moins de soixante pour cent. Depuis 1840, notre fleur et notre bois ont éprouvé les derniers coups de la législation impériale ; cependant nous ne doutons pas que les rapports de 1850 ne montrent un accroissement marqué sur notre position en 1840. N'ayant heureusement plus à redouter à l'avenir les éventualités d'une législation convulsive propre à nous alarmer ou à nous ruiner, nous pouvons maintenant adopter un système appuyé sur une base aussi solide, prospère ou durable que la fertilité de notre sol ; et le suivre avec cette persévérance intelligente, et cette industrie au moyen desquelles on vient à bout de surmonter toutes les difficultés.

Les lois de navigation et les actes relatifs aux possessions britanniques, en imposant des restrictions à notre commerce, eurent l'effet de décourager la marine coloniale ; et en nous interdisant la faculté d'importer ou exporter, excepté dans une certaine classe de vaisseaux dont pas un ne se trouvait dans le St. Laurent entre le premier janvier et le premier mai, ces lois donnèrent le monopole de nos frets à un nombre limité de vaisseaux engagés dans notre commerce. Sans aucune inquiétude sous ce rapport, ces vaisseaux ne se donnaient nullement la peine de se procurer des chargemens ailleurs ; et ne pouvant faire plus de deux voyages dans la saison, leurs dépenses et profits annuels se réglaient exclusivement sur ces deux chargemens en Canada. Tant que nos importations n'ont pas dépassé les besoins de notre propre consommation, il est évident que les quatre-cinquièmes des frais de voyage de l'allée et du retour retombaient sur nos bois et notre farine. L'admission des vaisseaux étrangers dans nos ports nous aurait été d'un grand secours de temps à autre ; mais vû le mauvais état de la navigation du fleuve au-dessus de Montréal, ce désavantage devait continuer à maintenir les taux élevés du fret et à diminuer nos exportations.

L'état de choses actuel offre un aspect bien différent ; la vallée du St. Laurent et les contrées de l'ouest qui bordent ses eaux, sont recherchées par les passagers et les effets qui affluent de toutes les parties de l'Europe en Amérique depuis l'ouverture de nos canaux ; la route la plus facile et la plus économique pour y parvenir, étant celle de Québec. L'arrivage de sept vaisseaux de Brême dans le St. Laurent, durant la suspension temporaire des lois de navigation, en 1847, suffit pour indiquer la route que prendra à l'avenir l'émigration européenne pour se diriger vers l'ouest.

—

Jusqu'à présent, nous nous sommes bornés à considérer l'effet que la législation impériale a produit sur le commerce du St. Laurent. Comme la nature de nos relations commerciales avec les Etats-Unis a exercé une influence importante sur le commerce du St. Laurent, jetons un coup d'œil rapide sur ses progrès et ses fluctuations, ainsi que sur notre propre législation coloniale à cet égard. Notre commerce régulier avec les Etats-Unis a commencé avec le traité signé à Londres en 1794 : et en 1801, un tarif uniforme dût nécessairement être adopté par nos deux législatures. Ce commerce se bornait dabord aux productions naturelles des Etats-Unis, les actes impériaux ayant prohibé pendant longtemps l'importation par terre du thé et de plusieurs autres articles. Pour encourager l'exportation des produits des Etats-Unis par la voie du St. Laurent, la libre importation de ces articles fut autorisée sans aucunes à restrictions, jusqu'a ce que l'acte du commerce du Canada passé par le parlement impérial en 1822, eût imposé des droits sur ces articles. En 1820, néanmoins, le Haut-Canada imposa très imprudemment un droit protecteur élevé sur les produits des Etats-Unis, excepté ceux destinés pour l'exportation, et un droit de tonnage très onéreux d'un chelin sur les vaisseaux américains, en même temps qu'il exemptait les vaisseaux britanniques de payer un droit de tonnage de trois deniers seulement pour les phares. Ce dernier droit fut enlevé par le gouvernement impérial en 1825, époque ou l'on égalisa les droits de tonnage ; et dans la même année, l'on permit l'importation par terre de tous les effets que l'on aurait pu importer par mer des pays étrangers, c'est-à-dire, des articles " énumérés." Après avoir de nouveau permis l'importation libre des produits des forêts et des céréales en 1831, les législatures locales, prenant leçon de l'expérience, eurent soin de n'apporter aucune entrave au commerce du St. Laurent jusqu'après l'union. A cette époque, l'acte impérial de 1842 imposa un droit sur les produits des Etats-Unis ; nous eûmes la gaucherie de suivre la même politique, " pour la protection de l'agriculture," exceptant seulement la fleur et le blé ; et le même principe fut adopté dans les tarifs de 1848 et 49. Nous avons maintenant imposé un droit d'environ 20 pour cent sur les produits agricoles des Etats-Unis,—le blé et le grain seulement exceptés.

PROTECTION AGRICOLE.

Le principe de la protection agricole en Canada, est, nous le craignons, une erreur dangereuse. Le but de la protection est d'encourager la production de tout article dont nous n'avons pas une quantité suffisante. Ainsi, le charbon de Newcastle et la morue de Terreneuve n'ont nullement besoin de protection. Si la protection avait l'effet de hausser le prix de notre fleur sur les marchés britanniques ou étrangers, alors elle serait certes très désirable ; mais comme il est certain qu'elle augmenterait aussi les frais de transport de nos propres produits sur ces marchés, en détournant les exportations américaines de la voie du St. Laurent, elle réduirait leur valeur *ici* d'autant. Nous produisons beaucoup plus de céréales que nous n'en consommons ; ce surplus, jeté sur notre marché, établit le prix de tout ce que nous consommons, et nulle protection ne peut changer cette marche des choses à moins qu'il n'y ait une grande demande pour l'exportation de nos produits, et point ou peu d'importations de produits étrangers. Si nous avions une famine en Canada,—seule thèse où le principe de la protection puisse avoir son effet,—comme les agriculteurs forment les quatre-cinquièmes de la population, il n'est pas à supposer qu'ils seraient à l'abri de ses atteintes, ou qu'aucun réglement de douane, dans de telles circonstances, puisse être d'aucune utilité, avec une frontière comme la nôtre. Nous n'envisagerons pas ici la question sur des " principes généraux," mais nous la considérerons comme une question purement locale. Suivant toutes les probabilités humaines, nous aurons, d'ici à nombre d'années à venir, une quantité considérable de céréales à vendre ; et la question est de savoir où et comment nous pourrons les vendre avec le plus de profit. Le St. Laurent nous donne accès à tous les marchés du monde, depuis que nos canaux sont ouverts : mais, considérant combien notre commerce a été paralisé par une fausse politique, les facilités supérieures qu'offrent des routes plus riches et mieux encouragées, et les désavantages qui pèsent sur nous sous le rapport des chargemens d'hiver, notre commerce limité ne présente pas de ressources suffisantes pour tenir ce grand débouché ouvert. Le vaisseau marchand qui fait voile régulièrement pour Montréal, apporte les effets et marchandises de plusieurs équipeurs, qui en se réunissant ensemble, font transporter leurs marchandises à meilleur marché que s'ils n'expédiaient que partie d'un chargement ; plus il arrivera de ces vaisseaux, et plus il y aura de compétition pour le transport du surplus de nos produits sur les marchés dont il viennent ; plus les produits seront abondans, plus le nombre des arrivages augmentera, attendu que ces vaisseaux seront alors certains d'obtenir un chargement en retournant. Avec l'accroissement de la marine, surgiront de nouveaux phares, bouées et bataux remorqueurs ; les assurances seront réduites, les délais diminueront, et le commerce jouira de plus grandes facilités. Avec le développement du commerce, se dévelopera aussi l'emploi de la vapeur ; et sous ce rapport, le St. Laurent est destiné à l'emporter sur tous ses rivaux. Il est évident que les ressources de notre commerce ne sauraient suffire pour maintenir et alimenter ce grand débouché. La nature ne le destina jamais à servir à des fins aussi mesquines et retrécies ; nos canaux n'ont pas été contruits pour le Canada seulement, mais pour toute la vallée du St. Laurent : réunissons-nous donc à nos voisins de l'autre côté de la rive, afin de mettre ce noble débouché dans le meilleur état, en lui procurant toute l'alimentation possible. La permission donnée aux américains d'exporter leurs produits par le St. Laurent ne les empêchera nullement de se servir de toute autre route qui ne leur offrira aucune des lenteurs et des embarras apportés par les douanes. En adoptant une politique exclusive, nous serions frappés du même coup ; car nous ne sommes pas assez riches en capitaux pour acheter la dixième partie des objets nécessaires pour alimenter le St. Laurent et contrôler le commerce du nord et de l'ouest.

Notre agriculture n'a plus depuis longtemps besoin de protection ; de subordonnée qu'elle était, elle est devenue un intérêt dominant ; et cependant, par une contradiction apparente, en le devenant, elle s'est mise à la remorque d'un autre intérêt qui n'est encore qu'à l'état d'enfance, —celui de notre commerce—dont la destinée est entre les mains de nos agriculteurs. Les prix en Angleterre et les demandes d'exportation devront se régler sur nos canaux et notre marine ; et c'est à ceux qui sont les plus intéressés sous ce rapport, à déclarer s'ils souffriront qu'on diminue par des entraves l'utilité de ce grand débouché national qui a été récemment l'objet de si grandes améliorations.

Tant que nous avons été colonie dans le sens commercial, la qualité supérieure de notre fleur, et la demande du surplus de nos produits sur les marchés britanniques, ont eu l'effet de maintenir ici le prix des articles de consommation aux taux les plus élevés. Dans plusieurs occasions, par conséquent, la libre importation des produits américains aurait pu réduire nos prix, si la demande en Angleterre n'eût dépassé le chiffre de tout ce qu'on y importait ; néanmoins, on a vu que, comme peuple, notre prospérité a toujours grandi en raison du peu d'entraves et de restrictions apportés au commerce des deux rives du St. Laurent. D'ici à un grand nombre d'années, les produits américains ne rechercheront plus la route du Canada, à moins qu'ils ne soient expédiés par cette voie sur quelque marché plus profitable ; et le prix des céréales dans ce pays n'augmentera par la suite que si la disette se fait sentir, ou si nous obtenons l'entrée de quelques nouveaux marchés.

Comme notre position actuelle est toute critique et exceptionnelle, puisque nous avons à lutter, bien qu'avec de grandes facilités naturelles, contre un rival puissant, on devrait éviter d'invoquer " les principes généraux," ou les théories vagues ; la protection générale, quelque désirable qu'elle puisse être par la suite lorsque le commerce du St. Laurent sera établi, et que nous serons complètement affranchis de la dépendance des canaux de New-York, ne produirait maintenant qu'une prostration générale. Il faut des années pour établir un marché à l'intérieur ; et durant son enfance, l'abondance et le bas prix de la nourriture est indispensable. Notre propre marché est trop limité pour nous faire espérer, malgré toutes les promesses de protection que nous pourrions donner, de pouvoir attirer chez nous une immigration considérable d'artisans et de consommateurs ; et toute protection, sans ce résultat, n'aurait d'autre effet que de diminuer et réduire nos productions, ou de nous faire devenir tributaires du canal Erié. Un système général de protection devrait aussi inclure notre marine ; et cela affecterait tellement les effets étrangers *in transitu*, que l'aversion conçue maintenant pour la route du St. Laurent se perpétuerait indéfiniment. Que nos cultivateurs par conséquent prennent garde de se laisser dominer par aucun système " général," car il sont sûrs d'en devenir les victimes, puisqu'à eux seuls, ils forment les quatre-cinquièmes de la population.

Si nous avons parlé en faveur d'un système de commerce libre en ce qui concerne nos exportations et nos relations avec la rive opposée du St. Laurent, nous l'avons fait pour des raisons spéciales, et non par sympathie pour les principes outrés de quelques économistes ; car nous répudions ce *communisme* commercial qui tend à taxer la civilisation au profit de la barbarie, qui n'établit aucune distinction entre le serf et l'homme libre, et qui finirait par obliger nos enfans de s'expatrier dans l'Iowa, l'Orégon et la Californie pour trouver de l'emploi.

Heureusement que le " commerce libre" et la " protection" ne sont pas encore devenus en Canada, le cri de guerre pour leurrer les électeurs et engraisser les élus : et nous nous flattons que le patriotisme, et le respect que les partis doivent se porter réciproquement, auront l'effet d'inculquer cet esprit de conciliation qui est le levier et la base de tout bon gouvernement. Nous croyons qu'il est un genre de relations commerciales, qui n'a pas besoin d'une license effrénée pour exister, et qu'on peut encourager l'industrie native du pays avec discernement, et sans pour cela froisser les intérêts du Canada comme " pays agricole." Malgré tous les beaux avis que pourraient nous donner les philosophes de l'école de Manchester, nous ne pouvons manquer de nous appercevoir, que déjà nous sommes devenus un peuple qui produit plus de denrées qu'il n'en n'a besoin pour sa propre consommation ; que les terres les plus faciles à cultiver sont déjà prises et établies ; que l'absence de capitaux et d'un marché local empêche la culture dè terres les plus riches, mais qui exigent aussi plus de soin, de frais et de travail ; et que la partie la plus précieuse de notre population, les adultes des deux sexes nés dans le pays émigrent vers des régions où ils trouvent des terres en plus grande quantité et à plus bas prix, et où le travail de leurs bras est mieux rétribué. Par l'industrie et l'économie, nous pouvons nous relever des désastres occasionnés par des calamités temporaires ; mais lorsque la jeunesse active et vigoureuse, et la partie intelligente et entreprenante de la population abandonne le sol qui l'a vu naître et dont elle est la plus propre à developper les ressources, c'est alors qu'on peut vraiment dire que la patrie est froissée dans ses intérêts matériels. Toute politique raisonnable, par conséquent, qui tend à étendre et agrandir la sphère et la variété de nos occupations, devrait être accueillie d'après ses propres mérites, et sans considérer si elle froisse un " principe" ou non ; mais il faut agir avec la plus grande prudence pour arriver au terme, et ne pas dépasser le but.

MANUFACTURES ET MARCHÉ A L'INTÉRIEUR.

Si dès le principe, nous eussions établi un système général de protection *avant* de devenir des exportateurs d'articles de nourriture, nous aurions, dans ce cas, pu établir des manufactures pour nos propres besoins, bien que notre patriotisme nous eût coûté cher ; car avec un marché limité, et des facilités commerciales incomplètes, nous aurions été mal approvisionnés, et cela à des taux exorbitans. Or, comme colons, nous ne pouvions établir des manufactures générales ; et comme Canadiens, nous ne pourrons le faire que lorsque nous aurons obtenu de plus grandes facilités commerciales, établi des chemins de fer, et construit une marine suffisante pour faire le commerce des côtes ou à l'étranger. Des manufactures ne peuvent être exploitées avec profit sur une petite échelle ; et les approvisionnemens ne peuvent tellement être proportionnés aux demandes dans un pays, qu'il ne survienne périodiquement de grands encombremens de produits, pour l'écoulement desquels il est nécessaire d'ouvrir un marché à l'étranger. Si donc, le commerce du St. Laurent est placé sur un pied tel que nous puissions lutter avec les Américains, pour l'approvisionnement des provinces du golfe, des Indes Occidentales et de l'Amérique du Sud, nous pourrons à *l'avenir* expédier des chargemens de manufactures du St. Laurent pour la même destination. Nos vaisseaux en retournant pourraient nous apporter les drogues, les teintures et les objets chimiques dont nous aurions besoin pour les manufectures, les peaux crues des Pampas, et les bois rares des tropiques ; et nous serions alors en mesure de nous lancer dans ces entreprises avec les mêmes facilités que celles possédées par l'Angleterre et les Etats-Unis. Mais, nous dira-t-on, nous ne pourrons jamais lutter avec ces nations ; d'abord, parce que le travail y est à plus bas prix ; et en second, lieu, parce qu'il est " protégé." Observons d'abord que, bien que rien ne nous serait plus funeste que d'adopter maintenant ce qu'on entend généralement par un système de protection, cependant, pour ce qui est des articles que nous pourrions nous-même fabriquer avec avantage, il serait peut-être convenable d'établir des réglemens de nature à prévenir la ruine de nos manufactures naissantes, dans le cas où il surviendrait de ces convulsions qui affectent périodiquement le commerce de tous les pays. Sur une frontière comme la nôtre, un tarif excessif ou prohibitoire, en vue de protéger nos manufactures, ne saurait-être d'aucune utilité. Ainsi donc un encouragement modéré, mais permanent, donné aux manufactures seulement qui requièrent peu de travail manuel, et dont nous produisons la matière brute, est tout ce que nous pouvons tenter, et serait ce qu'il y a de mieux dans l'intérêt même du manufacturier ; car des tarifs élevés entraînent à leur suite une compétition locale ruineuse, et provoquent des attaques immanquables de la part d'intérêts rivaux : de là une crise inévitable. En Angleterre, lorsqu'il survient une de ces crises, les manufactures qui encombrent les magasins sont jetées subitement et en telles quantités sur les marchés du monde entier, que dans un pays faible et nouveau comme celui-ci, les manufactures naissantes seraient totalement ruinées Et ce ne sont pas là les seuls risques que nous aurions à courir : les manufacturiers anglais peuvent se réunir et convenir de se soumettre occasionellement à une perte certaine, si par ce moyen ils réussissent à tenir notre commerce dans leur dépendance. Après avoir tué toute compétition dès le principe, avec la renaissance de la prospérité, ils imposeraient aux consommateurs des prix qui les compenseraient amplement des pertes résultant de leur plan savant et habilement conçu. Et ce n'est pas là une thèse imaginaire. Nous avons vu les prix du fer varier de £4 10s. à £16, entre 1842 et 1845, et les marchandises anglaises innonder, au-dessous du prix coûtant, les marchés américains, et arrêter par là l'extention des manufactures de ce pays.

On se convaincra facilement qu'il existe certaines branches de manufactures que nous pouvons exploiter avec avantage et profit, nonobstant tout ce que l'on a dit du bas prix du travail en Europe, si nous jetons les yeux sur le grand nombre d'excellentes manufactures de drap, les tanneries, les fournaises, les fonderies, les brasseries et distileries, les factoreries de clous, de chaises et de savon, les moulins pour fabriquer le papier et l'huile, les poteries et plusieurs autres établissements qui ont surgi parmi nous sans autres encouragemens que ceux que nous offrons à chaque branche de manufacture, savoir :—le bas prix de la nourriture, l'abondance des pouvoirs d'eau, un marché local, des rentes modiques et un climat salubre. Et il en est beaucoup d'autres que nous pourrions établir, si nous avions l'énergie et l'esprit d'entreprise nécessaires, tels que corderies, manufactures de cuivre, de plomb et de fil de fer, ouvrages de peinture, fabriques de chandelles et de moulins à l'huile etc., et plus particulièrement toute espèce de manufactures en bois, tels que menbles, et finalement la *glace*. La qualité de notre fer et le bas prix du charbon de bois offrent toutes les facilités pour manufacturer *l'acier*. Ces manufactures fleurissent ici, parce que nous produisons la matière brute, et parce que les frais de transport et les facilités d'échange sont en eux même une protection et un avantage que nous avons sur les mêmes produits étrangers. Nous pouvons aussi produire le fer avec avantage ; nos minerais sont de la meilleure qualité, et comme il nous faut maintenant employer le charbon de bois, leur qualité égalerait bien vite celle du fer de Suède. Le fer anglais inférieur, bien qu'à plus bas prix, ne pourait soutenir la compétition, attendu qu'en fait de fer, le meilleur article est aussi généralement celui qui se donne à plus bas prix.

Nous pourrions aussi nous procurer le coton au moyen d'une communication continue par eau, par la voie de Cincinnati et Cleveland, ou le faire venir de la Coroline du Sud, par Québec ou New-York ; et on peut l'apporter sur aucune partie du St. Laurent à aussi bas prix qu'aux moulins mêmes de la Nouvelle Angleterre. Nous pourrions exploiter avec profit les manufactures les plus grossières de cet article, car le travail n'entre que pour peu de chose dans les frais, les pouvoirs d'eau et le mécanisme faisant la plus grande partie de l'ouvrage. Les Américains ont supplanté les Anglais dans les Indes dans ce genre d'industrie ; et les officiers anglais qui servent dans l'armée des Indes, s'habillent maintenant avec des étoffes de coton fabriquées dans les Etais-Unis du nord.

Nous n'avons rien à envier aux charbons d'Angleterre ou de la Pensylvanie dont le principal emploi dans les manufactures consiste à produire la vapeur, attendu que nous trouvons dans nos chutes, et les rapides de nos nombreuses rivières une force motrice plus régulière et moins dispendieuse ; et quant au fer, dans la composition duquel le charbon entre pour une si forte partie, on a vu que nos forêts interminables nous fournissent du charbon qui est bien plus précieux pour cet objet. Le fer brut trouvé sur la rivière Ohio où le charbon minéral est à plus bas prix que le bois, est, pour les mêmes raisons, fabriqué avec du charbon partout où l'on peut s'en procurer.

Le Canada Est contient une population naturellement intelligente et facile à conduire et diriger, mais qui, pendant six mois de l'année, est presque forcée de mener une vie oisive : or, nous ne pourrons jamais atteindre au même degré de richesse et de prospérité que nos voisins, à moins que nous ne nous levions aussi à bonne heure, que nous ne travaillions aussi fort, et que nous n'économisions nos ressources avec le même soin qu'eux. Avec une population qui s'accroît rapidement par l'immigration; possédant des moyens de subsistance en abondance, des pouvoirs d'eau illimités, un fleuve magnifique et les plus beaux canaux de l'univers, le Canada qui commande le littoral est destiné à devenir le facteur ou l'agent commercial d'une portion importante de l'intérieur de l'Amérique, et fera par la suite un pays manufacturier ; mais espérons que jamais les intérêts agricoles n'y seront subordonnés à d'autres intérêts, et qu'on ne dira pas du cultivateur, luttant dans la sphère que la providence lui a tracée, et qui est la vocation la plus naturelle à l'homme, qu'il faut donner à ses efforts une "fausse direction." C'est là un " axiôme" aussi difficile à réduire en pratique, que la belle maxime de l'Evangile si peu suivie par le grand nombre,—axiôme qui est de la même force à peu près que les argumens dont nous nous sommes servis pour ravir à l'Indien les terres où il faisait la chasse, et pour lui prouver (à notre propre satisfaction,) qu'il serait plus heureux en abandonnant ses habitudes errantes et vagabondes, et se livrant à la culture du sol.

Si nous avons signalé la position manufacturière du Canada, c'est que nous sentons qu'il est impossible, tout en considérant les progrès futurs de notre pays, de séparer les trois sœurs,—l'agriculture, les manufactures et le commerce ; et qu'il règne une opinion, que la navigation du St. Laurant est d'une importance moindre pour nous que l'établissement immédiat d'un marché au milieu de nous, en adoptant un système rigoureux de protection. On verra que ce n'est pas par un vain esprit d'opposition, que nous objectons au mode seulement par lequel on se propose d'établir ce marché. Si notre position géographique était la même que celle de Cuba, (ou peut être même de la Nouvelle Ecosse); et si nous jouissions comme elles d'un commerce non interrompu, nous pourrions nous attendre à voir nos produits augmenter de

manière à produire, dans le cours du temps, les facilités
requises pour établir des manufactures. Mais comme il
a plû à la providence de fermer nos ports pendant cinq
mois de l'année, ce qui rend notre commerce *chronique*
jusqu'à un certain point, nous prévoyons qu'on établira
graduellement par la suite des manufactures, tant pour
utiliser les mois de l'hiver, que pour supporter notre commerce. L'un ne peut longtemps prospérer sans l'autre ;
et comme il nous faut un commerce avant de pouvoir
établir des manufactures, on devrait éviter toute espèce
de restrictions dans l'enfance de ce commerce, au moyen
d'une législation vaine et prématurée.

Tout en recherchant ses propres intérêts, l'homme est
obligé de se soumettre à l'influence de cette position.
Peu-à-peu, et presqu'insensiblement, les divers intérêts
commerciaux se combinent mutuellement, et rendent illusoires les systèmes des spéculateurs politiques, avant
même qu'ils aient fini de les confier au papier. Le simple bouvier, le colporteur, le trafiquant, et l'expédition-
naire,—élémens peu importans aux yeux du politique ordinaire,—consultent peu, en recherchant leur propres intérêts, la tendance politique de leurs opérations ; ils
bâtissent sans y réfléchir, paisiblement, mais sûrement,
un nouveau système ; de même que l'insecte corallaïde,
sans être vu ni apperçu, bâtit ces montagnes sous-mari-
nes sur lesquelles viennent se briser les vaisseaux qui
naviguent en suivant la voie tracée sur les vieilles cartes.
Les capitaux ne sont pas chez nous assez abondans, ou
n'exercent pas assez d'influence pour contrôler le travail ;
un peuple pratique traitera donc toutes les questions
d'une manière pratique. L'égoïsme offre d'abord le premier sacrifice sur l'autel domestique ; il adopte le système qui rapporte le plus grand bien matériel ou présent, pourvait ou semble pourvoir au plus grand nombre
de besoins, fait vivre l'épouse et lui donne un asile,

habille et instruit l'enfant, et prémunit contre les in-
firmités du vieil âge, époque où l'on ne peut plus travailler. C'est ce " principe " qui doit finalement remplacer
toute théorie, sentiment, passion, ou préjugé de quelque
nature que ce soit.

PROGRÈS COMMERCIAUX DU ST. LAURENT.

Nous avons remarqué un progrès rapide et matériel
dans le commerce du St. Laurent, dans le cours des
vingt années expirées en 1840. Dans les *six* années
qui ont suivi cette dernière, nous avons exporté plus de
bois que dans les *dix* années précédentes ; et jusqu'à ce
jour, nous avons expédié par mer, depuis 1840, quatre
millions et un quart de barils de fleur et de blé, quantité
qui excède, de plus d'un million de barils, l'exportation
totale de fleur et de blé du St. Laurent par mer, entre
les années 1800 et 1840. Ainsi donc, malgré la perte,
en 1842, d'une partie de la protection accordée à nos bois,
et de toute protection sur notre fleur quelques années
plus tard, nous n'avons pas lieu de nous plaindre du
commerce du St. Laurent pour la décade expirée en 1850.
Le déficit énorme, ainsi qu'on l'a appelé, dans nos exportations de fleur et de blé, en 1848, n'était rien de plus
qu'une réaction naturelle après les exportations sans parallèle de 1847, et n'a rien d'alarmant, puisque les exportations de 1848 sont plus considérables que celles d'aucune année antérieure à 1844, à l'exception seulement
de 1841. On voit d'après le tableau des exportations de
Montréal en 1844, qui indique un accroissement satisfaisant sur l'année précédente, que le déficit de 1848 n'a-
vait rien de permanent. L'état suivant indique le progrès du commerce du St. Laurent comparé à celui de
New-York :

    Tonnage arrivé à Québec   et à   New-York
    en 1819......100,000   266,840
        1829......236,565   417,961
        1839......382,861   655,927
        1849......489,861 (en 1846...628,425) Inconnu

Comparé au commerce de la première ville commerciale de l'Amérique, ce tableau est satisfaisant, en ce que les années indiquées n'ont pas été affectées par les stimulans ou les révulsions du commerce, et donnent la juste moyenne du progrès.

Si nous considérons, qu'indépendamment de notre commerce par la voie du St. Laurent, nos relations commerciales par terre avec les Etats-Unis, en 1848 et 1849, ont excédé de beaucoup celles des années précédentes ; et que nous avons l'année dernière expédié plus d'un million et demi de minots de blé et de fleur au seul port d'Oswego, nous avons tout lieu de nous féliciter de ce que nous sommes en état d'approvisionner un marché étranger ; nous devons en même temps porter notre sollicitude sur la destination future de ce surplus considérable et croissant.

Tant que la fleur expédiée par le St. Laurent a joui d'une préférence d'une piastre environ par baril sur le même article expédié de New-York, cette prime a été suffisante pour contrebalancer les taux élevés du fret que l'exclusion des vaisseaux étrangers de l'Atlantique, et l'absence de meilleures communications et d'une compétition efficace sur le fleuve, avaient produits. Le retrait de cette protection ayant eu lieu *avant* l'abrogation des lois de navigation, et avant l'achèvement de nos canaux, nos produits de l'Ouest se son naturellement dirigés sur New-York où les prix étaient plus fermes qu'à Montréal, tant parce que la demande avait diminué en Angleterre, (résultat de l'encombrement des marchés anglais après la famine de 1847, qui rendait New-York un marché plus avantageux,) que parce que les frais d'expédier un baril de fleur, du Canada Ouest à Liverpool, avaient jusqu'alors été moindres par la voie de New-York que par celle de Montréal. La tendance de notre blé à se diriger sur les marchés des Etats-Unis en 1848 et 1849, a donné lieu à diverses théories et spéculations sur la direction que devra prendre notre commerce à l'avenir; et l'on ne peut se déguiser que des craintes graves se sont élevées concernant la valeur de nos canaux du St. Laurent. Il est de fait que les opinions politiques ont été bouleversées en conséquence; et nous nous trouvons maintenant dans la position humiliante de *supplians* qui demandent la réciprocité avec les Etats-Unis.

RÉCIPROCITÉ.

Les avantages d'un libre accés aux marchés américains n'ont pas besoin de démonstration; mais le mode le plus facile d'obtenir ce but est le sujet de graves débats. Nous ne doutons pas qu'il ne soit de l'intérêt des Etats-Unis de nous accorder ce privilège par la suite; mais nous craignons fort qu'on puisse les forcer à cette démarche par des *argumens*, si l'on n'emploie aussi des moyens *d'action*.

Le Canada se trouve dans une position à contraindre les Américains d'ouvrir leurs ports à ses produits, et prélever un tribut sur le commerce des Etats de l'Ouest; et cette position, il la doit exclusivement à l'amélioration du St. Laurent. Sans ses canaux, le Canada serait obligé de faire ce que font les Etats de l'Ohio, du Michigan, du Wisconsin, et les autres Etats de l'Ouest; il serait obligé de contribuer au soutien du gouvernement et aux améliorations de l'Etat de New-York, avec ce désavantage en outre, qu'il aurait en tout temps à payer vingt

pour cent pour le soutien du gouvernement général des
Etats-Unis. Nos canaux, en nous donnant un débouché
sur l'océan, nous mettront en état d'expédier notre fleur
sur les mêmes marchés où l'on expédie la fleur Américaine dont l'exportation établit le prix pour la consommation dans ce pays, ce qui a réussi jusqu'à présent à
faire donner la préférence à la voie de New-York sur
celle du St. Laurent. Sous notre système colonial, nous
étions le jouet des saisons en Angleterre, et obligés
d'accepter les conditions qui nous étaient imposées sur les
marchés anglais. Les Américains, au contraire, n'expédiaient leur fleur en Angleterre que lorsqu'ils y trouvaient
leur profit. En 1845, ils n'exportèrent que 35,000 barils
de fleur en Angleterre ; 47,000 à Cuba ; 53,000 à Hayti ;
54,000 aux îles Danoises ; 209,000 au Brézil ; 281,000
aux Indes Occidentales Britanniques ; et 287,000 aux
colonies de l'Amérique Britannique du nord. Ils en exportèrent aussi aux Indes Orientales, dans la Chine, à
Gibraltar, au Cap de Bonne Espérance, dans les îles de
l'Océan Pacifique, dans presques toutes les provinces de
l'Amérique du Sud, et dans les îles du golphe du Mexique.

La valeur annuelle de l'exportation des céréales des
Etats-Unis, ailleurs que dans la Grande-Bretagne, est d'environ \$10,000,000 ; dont près d'un tiers est expédié pour
ainsi dire à notre barbe, aux provinces britannique situées
à l'embouchure du St. Laurent. Ce dernier commerce,
les canaux du St. Laurent devront le transférer d'un seul
coup au Canada, autant du moins que ce dernier sera en état
d'y faire face, à moins que les lois n'y mettent une entrave.
Les habitans de la Nouvelle Ecosse possèdent un grand
nombre de vaisseaux ; Halifax est heureusement situé
comme place d'entrepôt ; et nos canaux devront servir à
l'écoulement d'un montant considérable de capitaux qui
ne trouvent maintenant aucune issue pendant l'hiver, et

sont enfouis dans la marine des lacs. Il n'est pas probable, par conséquent, que les Américains puissent longtemps continuer de percevoir un droit de vingt pour cent sur le produits agricoles du Canada. Si donc, nous ne faisons pas nous mêmes un commerce direct avec les contrées du sud dont nous venons de parler, les habitans de la Nouvelle Ecosse et du Nouveau Brunswick le feront pour nous ; et, comme conséquence nécessaire, ils nous fourniront les épiceries et les produits des Iles que nous recevons maintenant par les Etats-Unis. Nous acheterons là même ou nous vendrons. Nous payerons les marchandises anglaises dont nous avons besoin, avec le bois et la fleur que nous exporterons ; et les Américains s'appercevront bientôt, que s'ils veulent retenir entre leurs mains cette portion de notre commerce qu'ils possèdent déjà, il faut qu'ils nous donnent les mêmes facilités pour *vendre* que pour *acheter* sur leurs marchés.

Nous ne sommes pas en état de faire une guerre à coup de tarifs et de réglements commerciaux ; et l'aveu de notre faiblesse n'est pas bien propre à nous faire obtenir le but que nous avons en vue. Nous pensons donc que le prompt achèvement de nos canaux, l'amélioration de la navigation du St. Laurent, et l'adoption d'une politique commerciale libérale, du moins dans l'enfance de notre commerce, sont le mode le plus prompt et le plus facile *d'obtenir* la *réciprocité*, ou de nous en rendre *indépendans*. Le privilège d'exporter nos produits par les Etats-Unis, en entrepôt, a fait surgir des opinions peu favorables quant à la valeur et à l'importance de nos canaux ; mais qu'on se rappelle bien que ce privilège ne nous a été accordé que *lorsque nous avons commencé* à améliorer la navigation du St. Laurent, et qu'on ne nous eût jamais conféré ce privilège, si l'on n'eût voulu par là paraliser les efforts que nous fesions pour obtenir notre émancipation commerciale.   La valeur de ce privilège est assez problématique pour nous.   Des 200,000 barils de fleur canadienne expédiés à Oswego en 1849, cinquante seulement y ont été vendus, le reste a été mis en entrepôt ; et sur 620,000 minots de blé, 380,000 sont restés en entrepôt.   Or, si ce privilège d'exporter sous forme d'entrepôt avait une valeur réelle pour nos cultivateurs, nous aurions reçu à-peu-près le même prix pour notre fleur et notre blé à Toronto et Hamilton, qu'à Buffalo et Cleveland.   Mais nous n'en avons pas retiré plus d'avantages que si ce privilège n'eût jamais existé ; nous sommes restés à la merci du spéculateur américain ; notre bonne fleur Canadienne a été mise en entrepôt ; le blé de l'Ouest d'une qualité inférieure a été substitué au nôtre et exporté comme produit Canadien ; et notre plus beau grain n'a servi qu'à rehausser la valeur de l'étampe américain.

La crainte d'une réaction sur les marchés anglais, tandis que les produits sont à l'état de *transit*, aura toujours l'effet d'engager le spéculateur à faire ses achats à des taux qui lui permettront, dans ce cas, de recourir aux marchés américains, en payant le droit.   Les réglemens de douanes, quelqu'insignifians qu'ils puissent nous paraître au premier coup d'œil, suffiront pour arrêter la compétition et diriger les acheteurs de l'Est sur les marchés de l'Ohio.   L'expérience de l'année dernière devrait nous apprendre que toutes les restrictions, (quelques légères qu'elles soient,) apportées à la libre entrée et au transit des articles que nous exportons nous mêmes, suffisent pour leur faire prendre une nouvelle direction, et augmenter les frais de transport de nos propres produits.

Soit que nous obtenions la réciprocité ou non, et quelque soit par la suite notre position commerciale vis-à-vis des Etats-Unis, notre politique doit-être la même, savoir, de nous rendre promptement et permanemment indépendans de toute autre route, tant que nous en aurons une (sous le contrôle de notre propre législation) dont nous pouvons nous servir. Si la non concession de la réciprocité par les Etats-Unis, pendant deux ou trois années de plus, pouvait avoir l'effet de nous faire bien comprendre notre véritable position, ce serait pour nous un avantage précieux, quand bien même nous y perdrions dans l'intervalle. Si, demain même, nous avions l'entrée des marchés américains, nous n'en retirerions que de minces avantages, sans nos canaux du St. Laurent. Si, comme en 1847, nos produits étaient en grande demande sur le littoral, nous serions les victimes de nos moyens d'exportation, dispendieux et limités comme ils le sont ; et cet état de choses *profiterait presque exclusivement aux marchands de transport et à l'Etat de New-York.* Durant le cours de cette année 1847, les frais de transport d'un baril, de Buffalo à Albany, ont monté à deux piastres en conséquence du peu de largeur du canal Erié.

Sur la quantité de produits et de marchandises qui vont et reviennent des Etats de l'Ouest par la route de Syracuse, environ un tiers prend maintenant la voie du canal de Welland et d'Oswego ; les deux autres tiers prennent la direction de Buffalo. Dans la lutte pour l'accaparement du commerce de l'Ouest, Oswego dévance si rapidement Buffalo, sa rivale, qu'il est peu douteux qu'avant peu d'années la majeure partie du commerce en montant et en descendant ne prenne la route d'Oswago, *si l'on peut seulement réussir à offrir des facilités suffisantes par cette route.* Un fait très significatif, c'est que sur la quantité de sel expédié de Syracuse (point de jonction des canaux d'Oswego et de l'Erié) vers l'Ouest, 56,000 tonneaux ont été transportés l'année dernière par les canaux d'Oswego et de Welland, et 19,000 seulement par la voie de Buffalo. Si le restant du fret en remontant eût été expédié de Syracuse pour l'Ouest, (au lieu d'Albany dans les *bateaux de Buffalo,*) une plus grand quantité aurait sans doute suivi la route du canal de Welland. En 1840, Oswego ne possédait qu'un sixième du commerce de l'Ouest et du Canada en *remontant*, et un septième en *descendant.* Ces proportions se sont maintenant accrues au point, qu'elle a maintenant accaparé la moitié et le quart de ce commerce respectivement,—les recettes provenant des produits de l'Ouest étant plus considérables maintenant qu'elles ne l'étaient à Buffalo, en 1840 ; et, bien qu'en 1848 (après les exportations énormes de 1847,) il y ait eu une *diminution* dans ces recettes, à Buffalo, de 167,000 tonneaux, il y a eu dans le même temps une *augmentation* de 5,000 tonneaux, à Oswego.*

Or, si le canal de Welland, en substituant un navigation de vingt huit milles seulement pour les vaisseaux, à 154 milles de navigation par bateau sur le canal Erié, a produit sur le commerce de l'Ouest l'effet que nous avons signalé, que serait-ce si nous pouvions prendre le chargement qui vient de passer par le canal de Welland, pour le transporter jusqu'à Whitehall sur le lac Champlain ? et si nous remplacions une navigation par bateau de 130 milles de parcours, par une navigation de vingt ou quarante milles à peu près pour les bâtiments, ne laissant ainsi à la navigation des bateaux qu'un parcours de moins de soixante et dix milles, avec une élévation

---

* L'auditeur du département du Canal de New-York, dans le rapport des " péages provenant du commerce et du tonnage," publié en avril 1850, dit :

" Le tonnage de 1849 excède de 24,922 tonneaux, celui de 1847, mais les péages sont de $366,716 en MOINS......" La considération la plus importante à cet égard, est la diversion rapide du commerce de l'Ouest qui se dirige de Buffalo à Oswego. Dans le tonnage de 1849, il y un déficit, par la voie de Buffalo, de 124,880 tonneaux sur celui de 1847, et en même temps une augmentation de 80,709 tonneaux, à Oswego.

(Le tonnage de l'Ouest offrirait le même chiffre, soit qu'il fût entré à Buffalo ou à Oswego ; mais dans ce dernier cas, les péages seraientt MOINDRES proportionnellement que le montant perçu sur le canal de Welland. L'augmentation ci-dessus à Oswego provient principalement de nos exportations du lac Ontario :— mais la diminution par la voie de Buffalo, est près de trois fois aussi considérable que celle éprouvée sur le canal de Welland.)

de cinquante-cinq pieds seulement jusqu'au sommet qui
se trouve au-dessus du lac Champlain, pour atteindre le
le flux et le reflux sur la rivière Hudson.   N'assurerions
nous pas par là immanquablement aux canaux du St.
Laurent ce même commerce de l'Ouest qui se fait maintenant par le canal de Welland ?   La fleur qui passe
maintenant par le canal Erié, et qui est transportée de
Albany à Boston par les chemins de fer, ne serait-elle pas
transportée par les canaux du St. Laurent jusqu'à Burlington, et de là, par les *deux chemins de fer rivaux*, sur
le meillieur marché de ce continent pour les céréales, savoir, les destricts manufacturiers de la Nouvelle Angleterre ?   Les manufactures de ces districts se dirigeraient
alors vers l'Ouest en passant par nos canaux ; et nos
vaisseaux en descendant attireraient le fret de Québec,
Montréal, New-York et Boston, de toute la Nouvelle
Angleterre, et des comtés manufacturiers du nord de
l'Etat de New-York.   La construction immédiate d'un canal depuis le lac Champlain jusqu'au St. Laurent, dont le
coût n'excéderait pas £500,000, est un objet d'une importance vitale pour nous, comme propriétaires des canaux
de Welland et du St. Laurent ; car cette entreprise nous
assurerait en grande partie les moyens de payer et d'entretenir notre magnifique navigation artificielle par le
transit du commerce étranger, et nous rendrait tout à
fait indépendans de la rivalité ou des ressources respec-
tives des ports de New-York et de Québec.   Pour nous
agriculteurs, cette question est sur le point de devenir encore d'une bien plus grande importance.

Le lac Champlain, avec sa navigation de 150 milles de
parcours courant sud, pénètre presque jusqu'au cœur
même de la Nouvelle Angleterre, Troy et Albany.   Au
nord, ses eaux navigables se trouvent à moins de vingt
milles du St. Laurent ; à l'est, à l'ouest, et au sud jusqu'à la rivière Mohawk, s'étend un pays dont les res-

sources agricoles sont médiocres, mais qui abonde en manufactures, en richesses commerciales et minérales, en pouvoirs d'eau, et en lainages de toutes sortes. Cette région fait une plus grande consommation de notre principal produit,—le blé, et renferme une plus forte population, plus de manufactures, de commerce et de richesse, que tout autre territoire de la même étendue en Amérique. Sur ce marché, le Canada n'a pas de rival plus près que la partie Est de New-York,—Etat qui consomme à peu près autant de blé qu'il n'en produit, et dont la consommation en toute probabilité marchera de pair avec sa production de cet article. Le Haut Canada, au contraire, en produit deux fois plus qu'il ne consomme. Il en sera de même du Bas Canada, si ses cultivateurs recouvrent la confiance qu'ils ont perdue par les ravages de la mouche à blé. Plus d'un million de barils de fleur importée a été détenu pour la consommation à Boston, dans l'année expirée au mois d'août 1849 : la plus grande importation qui ait eu lieu d'un seul endroit, savoir, de la Nouvelle Orléans, étant de 323,318 barils. En outre, il en a été laissé par le chemin de fer une quantité considérable entre Albany et Boston, sans compter les importations des autres ports de la Nouvelle Angleterre ; en sorte que la Nouvelle Angleterre achète plus de fleur des cultivateurs de l'Ouest, année commune, que ne le fait même la vieille Angleterre. La population que nous aurions pour chalands compte environs trois millions ; allouant un baril de fleur pour la consommation de chaque individu, et déduisant un million de barils pour sa propre production (la Nouvelle Angleterre ne produit pas plus d'un demi million,) et pour la substitution du *blé d'inde,*—nous trouvons à nos portes un marché pour deux millions de barils de fleur, ou neuf millions de minots de blé. Avec de bonnes récoltes, le Canada pourrait fournir la moité de ce montant ; et en ouvrant un canal jusqu'au lac

Champlain, nous percevrions les péages, et transporterions la majeure partie de ces produits. Mais le grand avantage résultant pour nous de ce marché, ainsi que de notre position, vient de sa *proximité*, et de la *rapidité* et des *grandes dimensions* de nos voies de communication qui nous mettraient à même de jeter nos produits sur ce marché avant tout autre pays. Nous regardons ce canal comme un objet d'une plus grande importance pour nous que toute autre mesure que l'on pourait adopter dans l'intérêt de notre agriculture et de nos finances ; et nous espérons qu'on n'épargnera aucun effort pour mettre promptement ce projet à exécution. Ce canal se trouve sur le territoire canadien. On devrait en faire une entreprise canadienne, et la placer sous le même contrôle que les canaux de Welland et du St. Laurent dont elle est maintenant devenue la continuation indispensable. La navigation du lac Champlain, quoique comprise dans le territoire américain, nous est garantie par un traité.

Il y a à peine deux ans, nos exportations aux Etats Unis par la voie du lac Champlain, n'étaient qu'une bagatelle. Le canal de Chambly était une charge annuelle qui pesait de tout son poids sur nos revenus. La contruction des canaux du St. Laurent a eu l'effet de diriger les importations des Etats de l'Ouest dans le Vermont ; et il est prouvé que la route du St. Laurent offre un économie de six deniers par minots pour le transport du blé, et qu'elle est plus expéditive de huit jours au moins. Tout ce qui est nécessaire pour attirer le commerce américain par la voie du St. Laurent, c'est d'ouvrir une communication entre ce fleuve et le lac Champlain, et de lui donner les mêmes proportions que celles de nos canaux. Le commerce actuel du canal de Welland ne doit pas suffire à nos désirs ; dans deux ou trois ans, le canal Erié sera agrandi et ouvert jusqu'à Buffalo, et alors Oswego ne pourra longtemps maintenir sa position à moins que son canal ne soit agrandi. On se convaincra par le tableau suivant du fret transporté par le chemin de fer du St. Laurent et du lac Champlain, (parcours de quinze milles, avec transbordement à chaque extrémité,) que notre communication actuelle avec le lac Champlain ne répond nullement à nos besoins.

Ci suit une liste des principaux articles qui ont été exportés aux Etats Unis, en 1849, par la voie du canal de Chambly et du chemin de fer de St. Jean.

De Laprairie par le chemin de fer.		Par le canal.
Alkalis,...barils...	9,427	....
Bœuf do	1,342	....
Œufs do	2,050	....
Fleur do	*52,815	11,500
Graine de lin do	4,021	....
Do ...minots...	4,653	....
Blé d'Inde do	12,802	13,012
Avoine do	29,289	....
Pois do	11,175	137,019
Do ..barils...	6,348	....
Blé,... minots...	32,400	88,691
Bois de construction	5,376,905 pieds	14,385,600
Bois équari	....	1,179,140 pieds.
Sel, ...minots...	....	60,829

Comme l'Etat de New York ne se hâtera pas, pour des motifs évidens, d'agrandir le canal d'Oswego, et de diminuer par là les revenus provenant de son canal, l'on pourrait supposer au premier coup d'œil qu'il n'élargira pas non plus les soixante et six milles de canal qui se trouvent entre le lac Camplain et le point où la marée se fait sentir sur la rivière Hudson. Mais aussi certainement, ainsi que nous l'avons vu plus haut, que les cinq-sixièmes de la fleur envoyée au lac Champlain en 1849,

---

* C'est là une augmentation de 500 pour cent sur l'année 1848.

ont été expédiés par la route plus expéditive du chemin de fer (bien qu'il y existât un canal plus grand que le canal Erié, que l'on eût pu employer,) de même, lorsque nous nous serons frayé un passage jusqu'au lac Champlain avec nos vaisseaux de 500 tonneaux, les chemins de fer de Burlington transporteront les produits de l'Ouest, de Cleveland ou Chicago jusqu'à Boston, avec plus d'économie, et six jours plutôt que par le canal Erié ; et alors, le transbordement sera tout simplement transféré de Buffalo à Burlington. La *cité de New-York* sera ainsi forcée d'agrandir le canal du nord ; et Boston, New York et la Nouvelle Angleterre contribueront alors régulièrement à l'accroissement du commerce du St. Laurent.

Un des avantages les plus importans qu'on doit s'attendre devoir résulter du projet de lier le St. Laurent avec Boston, par la voie du lac Champlain et des chemins de fer de Burlington, c'est l'influence que les capitaux et les relations de cette cité entreprenante devront exercer sur le commerce de l'Ouest, en faveur de la route canadienne. On se convaincra facilement de l'importance de cette partie de la route sur laquelle l'on a construit un chemin de fer, si l'on réfléchit que le nombre de barils de fleur expédiés par le chemin de fer de l'Ouest en 1849, a excédé de 200,000 l'exportation totale du Canada par mer durant la même année.

Nous avons ainsi essayé d'expliquer l'influence qu'exerceront nos canaux sur les intérêts agricoles du Canada, en démontrant, premièrement : qu'ils nous mettent à même de profiter, pour notre propre compte, de toute demande à l'étranger, et d'éviter ainsi la taxe qui nous serait constamment imposée, depuis que nous avons cessé d'être protégés sur les marchés britanniques, si nous n'avions pas d'autre débouché qu'à New-York, ou si l'état peu amélioré du St. Laurent eût continué de rendre le droit américain moins onéreux pour nous que les frais de transport par Québec.

Et secondement : qu'en reliant nos eaux à celles du lac Champlain, nos canaux nous permettront non seulement de verser nos céréales au cœur même du meilleur marché de l'Amérique avant qu'on puisse en faire venir d'ailleurs, mais aussi de réduire les frais de transport sur ce marché au point que, même en payant le droit, nos cultivateurs recevront un prix plus élevé pour leur blé qu'ils ne pourraient en obtenir sans une demande à l'étranger ; tandisque comme propriétaires des canaux du St. Laurent, nous pouvons, en profitant des besoins des Américains, payer les frais de construction de nos travaux publics, ainsi que les dépenses de notre gouvernement civil.

COMMERCE GÉNÉRAL DU ST. LAURENT.

Nous allons maintenant donner un aperçu plus général de l'influence de nos caneux sur l'agriculture du Canada, en considérant le commerce futur de la vallée du St. Laurent. La supériorité de la route du St. Laurent, comme moyen de communication entre l'Ouest et l'endroit où la marée commence à se faire sentir, est trop généralement reconnue pour qu'il soit besoin de s'étendre ici longuement sur ce point. La plus grande dépense qu'entraînait pour les vaisseaux la communication qui existait ci-devant entre les ports de mer du St. Laurent, et les contrées situées au delà du golfe, a fait concevoir une opinion peu favorable de *l'efficacité* de cette route en général ; cela vient de ce que nous sommes naturellement portés à regarder en arrière et à nous décourager, et de ce qu'on a enlevé trop tard les langes dont le vieux système colonial avait enveloppé notre enfance.

L'effet du retrait des restrictions imposées sur notre commerce d'outre-mer, a déjà commencé à se faire sentir. Des vaisseaux de la Norvège ont fait voile de Québec dans le mois d'octobre, chargés de bois destiné pour le marché anglais, mais que l'on a dirigé sur Cherbourg, en France, pour y attendre le résultat de nouvel ordre de choses dans le mois de janvier. Il est inutile de s'étendre sur ce chapitre ; car si notre fleur, ainsi qu'on l'a déjà fait voir, a pu être transportée de New-York à Liverpool en octobre dernier, moyennant six deniers sterling par baril, on ne peut guères nier que l'offre d'un chelin de plus, n'eût eu l'effet de faire entrer le nombre requis de vaisseaux étrangers dans le port de Québec,—mesure que l'on peut maintenant adopter, mais qui nous était alors interdite par les lois. Comme les taux du fret ont baissé, le port de Québec étalera cette année aux yeux du public un " assortiment" de pavillons étrangers qui surprendra grand nombre de personnes. Une occasion plus favorable ne pouvait se présenter pour le début du commerce du St. Laurent. La grande demande de vaisseaux résultant de la famine de 1847, a donné une telle impulsion à la contruction de navires dans les ports américains, qu'en 1847 et 1848, la marine marchande des Etats-Unis s'est accrue de plue d'un demi million de tonneaux. La compétition occasionnée par le grand nombre de ces vaisseaux a fait tomber le fret à six deniers dans le mois d'octobre dernier ; tandis qu'à Québec, il était de quatre chelins, et que la rareté des vaisseaux et l'abondance du fret dans les anses encombrées de bois, empêchaient même la possibilité de toute compétition et réduction.

Les rapides du St. Laurent, entre Prescott et Lachine, sont suceptibles d'améliorations moyennant une dépense assez modique, de nature à permettre aux vaisseaux tirant neuf pieds d'eau de descendre le fleuve. On ne saurait trop vivement apprécier ce trait saillant dans la

9

navigation du St. Laurent. Ce grand fleuve nous indemnise amplement de la courte durée de la saison des affaires, en nous donnant une navigation facile pour les plus grands vaisseaux, et d'une rapidité telle qu'elle nous permet d'épuiser le surplus des "vastes regions de l'Ouest" dans le peu de mois que la saison des affaires nous laisse après les récoltes. Une main bienfaisante et providentielle a si bien reglé le cours des eaux, et précipité ou arrêté la vélocité des courans, que toutes les facilités sont offertes au commerce avec le moins de retard possible. Un rapide navigable continu, depuis Prescott jusqu'à Montréal, ne serait pas en général aussi avantageux que la distribution actuelle du fleuve en rapides et lacs, parce qu'il nous faudrait alors un canal continu pour remonter de Montréal.

Lorsqu'on proposa, en 1811, de faire passer le canal Erié à l'entour des chutes Niagara et par Oswego, dans le but d'embrasser le commerce du lac Ontario et de le diriger sur New-York, Clinton, cet homme d'état éclairé et profond, s'opposa à cette proposition dans les termes mémorables qui suivent. "Il suffit de dire que les articles d'exportation, une fois embarqués et flottans sur le lac Ontario, descendront généralement à Montréal, à moins que nos voisins de la rive britannique ne soient sourds à leurs propres intérêts,—reproche qu'on ne doit pas légèrement faire à une nation commerçante."

Le prix moyen du fret dans les *bateaux à vapeur*, de Toronto à Québec, en 1849, était de 1s. 6d. par baril. Or, on ne pourrait maintenant expédier un baril de fleur de Toronto à New-York pour moins de 2s 6d.; cela nous donne par conséquent un chelin en faveur de la route de Québec; nous ne demandons rien de plus. Le temps requis pour le transport jusqu'à Québec est de quatre jours; à New-York, il est de quatorze jours. La route de New-York nécessite deux transbordemens; celle de Québec n'en n'offre aucun. Inutile ici de nous appesentir sur l'importance de la célérité *pour nos cultivateurs,* durant les trois mois qui s'écoulent entre les récoltes et la clôture de la navigation, ou pour nos *acheteurs* dont les prix sont réglés d'après les avis hebdomadaires qu'ils reçoivent de l'Europe, et qui, à l'aide du télégraphe, des rapides et des bateaux à vapeur du St. Laurent, seront à même de remplir un ordre avant qu'une réaction puisse se faire sentir sur les marchés. Si donc, comme on doit l'avouer, la portion du St. Laurent qui est située dans l'intérieur, est incomparablement la meilleure ligne de communication entre les régions qui avoisinent les lacs et celles où la marée se fait sentir ; reste à savoir si cette supériorité suffit pour contrebalancer les inconvéniens reconnus de la navigation du golfe, et les avantages et la préminence qu'une plus grande somme de richesses, des relations commerciales plus étendues, et des marchés plus considérables semblent avoir acquis à New-York.

Avant de pouvoir nous former une idée juste de la perspective qu'offre pour l'avenir le commerce d'outre-mer du St. Laurent, il convient d'examiner quelques uns des prétendus inconvéniens de la route du golfe ; et d'abord, ce reproche que les alarmistes ont toujours à la bouche, savoir, " que le St. Laureut est gelé pendant six mois de l'année."

Si nous consultons la liste des premiers arrivages à Québec pendant les vingt dernières années, nous verrons que la date de ces arrivages est du 30 avril au 1er. de mai. La glace disparait si rapidement, qu'il arrive assez souvent que le premier vaisseau d'outre-mer et le premier bateau à vapeur de Montréal arrivent à Québec le même jour. Depuis vingt ans, la moyenne du premier arrivage de Montréal à Québec, a été le 25 avril. Durant la même période, le canal Erié a été ouvert en général le 21 avril, excepté durant les trois dernières années où il ne la été que le premier mai, bien que durant les mêmes années des vaisseaux soient arrivés de la Grande Bretagne au port de Québec le 24 avril, et des bateaux à vapeur de Montréal, le 17 du même mois. La grande longeur du canal Erié, les retards apportés pour le remplir d'eau, et les préparatifs nécessaires après la fonte des neiges et des glaces, font qu'il est difficile de l'ouvrir à la navigation en aucun temps avant le premier de mai. L'agrandissement de ce canal, ou l'accroissement des affaires sur ce canal ne tendra nullement à diminuer ces inconvéniens ; et nous pouvons fixer avec assez de certitude le premier jour de mai comme l'époque où la navigation du canal Erié, ainsi que celle de la Rivière Hudson, seront ouvertes pour tous les effets pratiques. Sous le rapport du temps, par conséquent, l'ouverture de la navigation est à peu près la même sur les deux points ; mais comme le canal Erié n'est ouvert à Buffalo que le premier jour de mai, un chargement de fleur n'arrivera à Albany que dix ou douze jours plus tard, tandis qu'en l'expédiant du lac Erié par la voie du St. Laurent, il arrivera à Québec le premier jour de mai, terme moyen, et y trouvera des vaisseaux prêts à le transporter en Angleterre, ou bien ce même chargement pourra continuer dans la même embarcation jusqu'à Halifax. Nous n'avons donc rien à craindre de la compétition du canal Erié sous ce rapport. La Nouvelle Orléans et le Mississipi ont un avantage sur nous durant les mois d'hiver ; mais comme les pays à céréales se trouvent au nord sur les rivières tributaires de l'Ohio et du Mississipi, lesquelles sont aussi fermées par les glaces en hiver, là aussi, nos positions relatives se trouvent à peu près balancées. Depuis les vingt dernières années, le canal Erié a été fermé en moyenne avant le cinq décembre ; et à cette époque et même après, les vaisseaux peuvent tous les ans faire voile du port de Québec, les seuls obstacles à la navigation étant le froid et les tempêtes de neige qui rendent difficile la manœuvre du vaisseau ; mais cet inconvénient est le même pour tous les vaisseaux qui font un voyage en Europe dans cette saison de l'année ; et il est un moyen simple de le neutraliser en grande partie par l'établissement d'un havre de refuge dans le St. Laurent. Plusieurs capitaines sont d'avis que les tempêtes de neige sont plus fréquentes dans les mois d'octobre et de novembre que dans le mois de décembre, et que le temps est plus beau dans ce dernier mois. Nous ne voyons pas par conséquent pourquoi le St. Laurent aurait un seul jour de navigation de moins que le canal Erié. Il est bien vrai que peu de vaisseaux jusqu'à ce jour ont séjourné dans le fleuve après le premier jour de novembre ; mais cela ne provenait nullement de la crainte de se trouver emprisonnés par les glaces, mais bien du système exclusif suivi de n'employer pour cette navigation qu'un certain nombre de vaisseaux réguliers qui, ne faisant que deux voyages par année, arrivent généralement dans les mois de mai et de septembre, et n'ont aucun motif de séjourner après le mois de novembre. Mais s'il y a du fret à transporter, nous aurons ci-après quantité d'arrivages d'outre-mer en novembre, et de départs en décembre.

NAVIGATION DU GOLFÉ.

On a beaucoup exagéré les difficultés et les dangers de la navigation du golfe ; et cependant, on ne saurait trouver une plus belle navigation dans les temps ordinaires. Le golfe a trois sorties sur la mer : celle du nord, par le Détroit de Bellisle, de dix milles de largeur, qui, si elle était éclairée par de phares, formerait la route la plus sûre et la plus expéditive pour le commerce d'automne, vu qu'on y rencontre rarement ces brumes épaisses qui obscursissent le chenal du nord. Le passage du milieu qui a cinquante milles de largeur, sépare l'île de Terre-Neuve du Cap Breton. La troisième sortie, qu'on appelle le détroit du Canseau, offre une communication facile et rapide avec Halifax. Depuis la mer jusqu'au Bic, (153 milles plus bas que Québec,) le chenal n'a nulle part moins de vingt cinq milles de largeur, et généralement de cinquante à soixante et dix milles, et n'offre aucun mouillage. Entre le Bic et la mer, le besoin d'une place ou port de refuge où le navire qui laisse la place de mouillage puisse trouver un abri lorsqu'il est surpris par une tempête de vent d'Est, avant d'être sorti du golfe, se fait vivement sentir. Les vents d'Est sont accompagnés de brumes et de mauvais temps ; et comme il n'y a ni place de mouillage ni havre de refuge, un vaisseau naviguant près d'Anticosti n'a d'autre alternative que de revirer de bord et courir plusieurs centaines de milles à travers les brouillards et contre un courant qui l'entraîne sur la rive sud, pour regagner le point d'où il est parti, ou de courir la bordée jusqu'à ce que peut-être il soit jeté sur le Cap Rosier.

Le courant du golfe qui court de la Floride parallèlement à la côte de l'Atlantique avec une vélocité de plusieurs milles à l'heure, élargissant dans sa course à mesure qu'il avance, frappe les bancs de Terre-Neuve et se dirige ensuite vers l'Ouest. Suivant l'impulsion ainsi donnée, les eaux du St. Laurent se précipitent par le chenal du centre entre Terre-Neuve et le Cap Breton ; et il se forme un courant au nord qui est attiré dans le golfe à travers le détroit de Bellisle, et qui, le printemps, chasse devant lui des champs et des montagnes de glace. Malgré la marée, il y a toujours un courant qui descend le golfe au-dessous de la Pointe aux Pères. Le detour occasionné dans le cours du fleuve par l'île d'Anticosti, et le courant du nord qui se jette dans le golfe par le détroit de Bellisle, font refluer les eaux vers la rive Occidentale de Gaspé, au Cap Rosier. C'est ici par conséquent, l'endroit où le courant entraîne les navires sur la côte ; mais comme les causes sont constantes, et qu'on en connait les effets, les courans du golfe ne présentent aucun obstacle au navigateur habile. Il arrive souvent que les brouillards sont si épais qu'on ne peut distinguer la proue de la poupe du navire ; et ils durent si longtemps, qu'on rapporte qu'un vaisseau a navigué une distance de cinq cents milles depuis l'Atlantique jusqu'au Cap des Monts en se guidant sur le compas seulement, faisant l'allouance nécessaire pour le courant, sans pouvoir prendre une seule observation. Si dans cette circonstance, l'on eût suivi la course apparente sans rien allouer pour les courans, comme c'est l'usage pour un grand nombre de capitaines, ce vaisseau eût inévitablement été jeté à la côte ; mais *la largeur du chenal* permet au navigateur intelligent de suivre sa course sans s'égarer, malgré les brouillards ou l'obscurité. Les brouillards ne sont donc pas plus un obstacle insurmontable que les nuits noires qui retardent rarement la marche des vaisseaux ; et l'on peut aussi bien, avec du soin et de l'attention, éviter les collisions au milieu des brouillards que dans l'obscurité de la nuit, à moins qu'il ne soit vrai en effet, (comme l'affirment certains capitaines) que les brouillards affectent le compas ! Ces brouillards sont occasionnés par la rencontre de deux courans d'air de température différente ; et ils infestent l'embouchure du Mississipi comme celle du St. Laurent. Le dernier danger qu'offre la navigation du St. Laurent, vient des champs flottans de glace qu'on rencontre dans les mois de l'été et du printemps, et que l'on peut éviter dans bien des cas en prennant la simple précaution de se tenir hors de leur portée. Les désastres provenant de cette cause, se bornent presqu'exclusivement aux vaisseaux marchands réguliers de Montréal qui, dans leur hâte d'arriver les premiers, avec leurs cargaisons, laissent les ports de la Grande-Bretagne vers le 20 mars, et sont obligés de courir la bordée pour éviter les glaces ; ils gagnent ainsi quelques jours d'avance sur les marchés du printemps à Montréal. La plupart des désastres (lesquels ont atteint le chiffre de quarante à cinquante dans une année sur 1,500 arrivages ou 3,000 voyages d'allée et de retour) doivent être attribués à cette cause ; mais depuis quelques années, ces désastres ont presqu'entièrement cessé, car à peine en compte-t-on cinq sur le même nombre de voyages. En considérant la classe de vaisseaux qu'on emploie au commerce de cabotage entre Québec, les ports inférieurs et les provinces du golfe, on se convaincra que la navigation n'est pas absolument dangereuse, car nulle part trouve-t-on des embarcations plus lourdes et plus grossières. Elles évitent néanmoins tous les périls, *parce qu'elles* connaissent la route, et que tirant peu d'eau, elles trouvent un abri dans un grand nombre de baies dans lesquelles il n'y a pas une profondeur d'eau suffisante pour les vaisseaux d'outre-mer. Une autre cause de désastre, mais qui n'existe plus heureusement, vient de la qualité des vaisseaux que l'on employait ci-devant pour le commerce du bois. Autrefois, l'on pensait que tout navire était bon pour transporter le bois, vu que la cargaison ne pouvait sombrer ; de même sur le canal de Welland, l'on pensait il y a quelques années, que tout cheval était bon pour remorquer ; aussi n'employait-on pour cet objet que des chevaux maigres, vieux, borgnes et boiteux ; et comme ce travail les tuait en peu de semaines, on trouva bientôt qu'il y avait plus d'économie à payer £30 à £40 pour les meilleurs chevaux, et la classe qu'on emploie maintenant pour cette fin n'est maintenant surpassée nulle part. Ces vieux vaisseaux caducs et décrépits étaient hors d'état de transporter des marchandises à Québec, (car on ne pouvait les faire assurer), et ce trafic est devenu le partage exclusif des vaisseaux de Montréal, fins voiliers, qui exigent des taux assez élevés pour couvrir les risques qu'entraîne le danger d'une collision avec les glaces. Un mauvais navire est le plus souvent commandé par un mauvais capitaine, et manœuvré par un plus mauvais équipage ; ainsi rien ne semblait omis pour sceller la perte de ce vaisseau. Mais ce système s'évanouit rapidement ; et un grand nombre des vaisseaux qui sont maintenant engagés dans ce commerce, sont d'aussi beaux navires, sont aussi bien manœuvrés, et ont d'aussi bons équipages que tous les autres vaisseaux de la marine britannique, et sont employés durant les mois de l'hiver à transporter le coton et à faire le commerce de l'Amérique du Sud.

Comme les primes d'assurance qu'on exige sont plus fortes à Québec qu'à New-York, cela a contribué à donner une couleur exagérée aux dangers de la navigation du golfe. On a affirmé que la seule compagnie d'assurance locale qui existait, a été ruinée par les désastres essuyés dans le golfe ; mais la véritable cause de sa ruine vient de ce qu'elle s'est ingérée d'assurer contre les risques de la navigation aux Indes Occidentales ; et ce sont les dangers de la *sortie du Mississipi*,—c'est le golfe du Mexique, et non le golfe du St. Laurent, qui ont entraîné sa ruine. Après la dissolution de cette compagnie, les assurances effectuées en Angleterre, le furent à des taux très élevés pour les chargemens expédiés tard l'automne ; mais la compétition à New-York eût bien vite mis un frein à ces taux extortionnaires, les compagnies d'assurance établies dans cette ville étant plus près des lieux, et connaissant mieux la nature des saisons. Les taux d'assurance pour les mois de l'été sont maintenant presque les mêmes qu'à New-York, de un et un quart à un et demi pour cent, et varient de trois à six pour cent pour les chargemens d'automne. En un mot, si le St. Laurent n'était la seule voie par où l'on puisse avoir accès au Canada par mer, nous ne parlerions pas des désastres éprouvés dans le golfe. A peine ont-ils excédé un quart pour cent du chiffre des arrivages depuis quelques années. Le nombre des vaisseaux des Etats-Unis naufragés dans la seule année expirée en 1848, a été de 585 ; personnes qui ont perdu la vie, 477 ; valeur des effets perdus, $4,523,176. *Un seul endroit*, le *récif* de la Floride*, a été témoin de vingt naufrages : voilà pour la route du Mississipi mise en regard de celle du St. Laurent. En 1848, 501 bâtimens à voiles, et 13 bateaux à vapeur, formant ensemble un tonnage de 96,920 tonneaux, ont fait naufrage. Nous croyons que la navigation du golfe St. Laurent est *de sa nature* moins dangereuse que celle de la Manche ou de la mer d'Irlande ; et si elle possédait seulement la moitié des phares et des améliorations de ces dernières, cette route offrirait une navigation sûre et expéditive, et recevrait un grand encouragement. Avec de la persévérance, de l'art et de l'ingénuité, on peut facilement surmonter les obstacles et les inconvéniens qu'elle présente ; et pour cela, les conditions les plus essentielles, sont l'établissement d'un havre de refuge près de Matane, et un phare et une cloche d'alarme sur le Cap Rosier. L'emploi d'une plus grande quantité de bateaux à vapeur, et l'établissement d'un plus grand nombre de phares, de boués, de stations et de havres de refuge auront bien vite donné un nouvel exemple de ce que peuvent la persévérance unie à l'intelligence commerciale, pour améliorer la route du golfe. Examinons en dernier lieu l'opinion qui ne s'est que trop

---

*La moyenne des naufrages " sur la côte de la Floride " pendant les cinq dernières années, a été de trente-six annuellement.---En 1848, il y en a eu quarante et un, et en 1849, quarante-huit.

généralement accréditée, et avec trop de précipation, savoir, que le St. Laurent offre un trop grand circuit jusqu'à la mer, et que cette route est inférieure, sous ce rapport, à celle de New-York.

Beaucoup de personnes accoutumées à consulter les cartes dressées d'après le plan de Mercator, ou la surface unies de l'atlas, sont naturellement portées à se plaindre du grand détour que fait le St. Laurent pour arriver à la mer, et s'imaginent que le voyage est beaucoup plus long pour un vaisseau qui fait voile de Québec ou de Montréal pour la Grande-Bretagne, que par la voie de New-York. Par les routes navigables, *Québec est de quelques centaines de milles plus près de Liverpool que New-York.* Pour les personnes qui pensent bonnement qu'une ligne droite entre deux points offre le chemin le plus court, la route la moins longue pour atteindre le chenal britannique, disons, partant du lac Erié, semblerait être une ligne *directe ;* et, laissant Buffalo, elles passeraient par conséquent au sud de Halifax. Elles sont aussi disposées à croire que la ville de New-York est particulièrement favorisée, en ce qu'elle offre une course *directe* à travers l'océan jusqu'au chenal britannique ; tandis qu'un navire partant de Montréal ne pourrait suivre la même *ligne directe*, sans se jeter sur les côtes de Gaspé ou de Terre-Neuve. Mais comme une ligne droite entre Québec et Liverpool passerait à plusieurs centaines de milles au dessous de la surface de l'atlantique (attendu que ce serait alors la corde d'un arc sous la surface de la terre,) il est évident, que bien que la ligne *la plus courte*, ce ne serait pas la voie la plus commode pour s'y rendre. Si l'on étend un fil sur un globe, d'un point quelconque du chenal britannique jusqu'à Toledo sur le lac Erié, et qu'on le dispose de manière à suivre la ligne la plus courte, on trouvera que ce fil traverse presque toute l'Amérique, en suivant le cours des eaux du St. Laurent, sans en dévier sur aucun point de plus de 30 milles ; et si l'extrémité du fil est alors changée de place, et posée sur Glasgow ou au nord de l'Angleterre, la direction la plus courte se trouvera alors par le détroit de Bellisle, entre Terre-Neuve et la côte du Labrador. Maintenant, si l'on pose un des bouts de ce fil sur New-York, et l'autre sur Liverpool, dans la position la plus courte possible, on verra que le fil passe sur l'Ile de Terre-Neuve ; bien que sur les cartes *unies*, cette île paraisse aussi en dehors de la voie que le Groenland. Kingston est aussi près de Liverpool, et Hamilton de Glasgow, que New-York l'est de l'une ou de l'autre de ces villes, par la voie de la navigation. L'idée fausse conçue par les personnes qui se guident d'après la projection de Mercator, vient de ce que les lignes méridiennes sont tracées parallèlement les unes aux autres ; ainsi, un degré de longitude au pôle du nord où la distance n'est rien, est tracé de la même longueur qu'à l'Equateur où il a soixante et dix milles. De plus, sur ces cartes, les parallèles de latitude, dans toutes les latitudes, semblent être la route la plus courte entre deux points dans la même latitude ; ainsi la semi-circonférence du cercle artique parait une distance moindre que son diamètre sphérique.

La côte de l'Amérique Britanique du Nord est de 1,000 milles plus près de la Grande-Bretagne que New-York ; car, chaque degré de longitude contient un moindre nombre de milles à mesure qu'on approche des pôles. Le Canada n'a pas peu souffert, dans l'estimation du monde, des conception de Mercator. En étendant un fil depuis les vastes régions à céréales de l'Amérique, jusqu'au pays de l'Europe qui en consomme le plus, la Grande Bretagne, nous trouvons que le St. Laurent traverse presque la ligne d'un grand cercle, et qu'il présente à la fois la route la plus courte et le mode de communication le plus rapide et le plus économique ; et l'on ne peut s'empêcher d'être frappé d'admiration à la vue du chenal direct qu'offre cette voie de communication entre la mère-patrie et les descendans de la race la plus favorisée de l'univers entier.

La plupart des cartes marines étant dressées d'après les idées de Mercator, et toutes les cartes ayant une surface unie, peu de navigateurs prennent la route la plus courte pour se rendre au but de leur destination. Tel est le préjugé résultant de l'usage de ces cartes, qu'ils ne peuvent comprendre pourquoi ils se dirigeraient au de là du 50ème degré de latitude nord en allant et revenant des ports de l'Europe et d'Amérique, puisque ces ports se trouvent en deça du 50ème degré, et de fait, la ligne la plus courte parait décrire une courbe sur la surface unie d'une carte ; tous les problèmes de navigation doivent donc se résoudre au moyen de la trigonométrie sphérique. La route du nord, entre New-York et Liverpool, est préférable, parce que les passages y sont plus beaux. La partie de l'Atlantique la plus exposée aux tempêtes se trouve à l'endroit où les vents de l'Est rencontrent les courants du golfe, au sud de l'Ile au Sable, *sur la course entre New-York et Liverpool.* C'est là que le " Great Western" a failli sombrer ; c'est là que le " Président" a été vu pour la dernière fois. " Le courant du golfe se précipitant avec violence contre les fureurs d'une tempête équinoxiale, soulève les flots de la mer, et produit une vague saccadée qui bat les flancs du navire et en retarde la marche ; et il arrive souvent, en comparant le livre de loc de deux navires qui font voile en même temps de New-York, que celui qui prend la route du nord, longeant la côte de la Nouvelle Ecosse, éprouve un passage heureux ; tandisque l'autre, après une lutte tumultueuse contre les éléments, sort de cette lutte brisé et endommagé, et est obligé de mettre dans quelque port pour réparer ses dommages, avant de pouvoir continuer sa route." Le courant du golfe incline à l'Est sur les bancs de Terre-Neuve, et se dirige du coté de la Méditerrannée ; la route du St. Laurent n'en ressent donc aucun effet injurieux. Les *steamers* de Cunard prennent la route du nord dont nous avons parlé ; c'est là tout le secret de leurs rapides traversées. Ci-suit un état approximatif des distances sur différents points, partant des trois grandes cités rivales qui se disputent le commerce de l'Ouest, Québec, New-York et la Nouvelle-Orléans :— bien que ces distances ne soient pas rigoureusement exactes, on verra néanmoins quelles le sont *comparativement* parlant.

De la Nouvelle-Orleans à Liverpool, 5,300 milles.
De New-York   "   3,475   "
De Québec   "   3,300   "   par St. Paul.
                "   3,000   "   par le détroit de Bellisle et par le nord de l'Irlande.

Québec est plus près d'aucun port de l'Europe, de l'Afrique, ou de la mer des Indes, que New-York ou la Nouvelle-Orléans.

De la Nouvelle-Orléans à la Méditerrannée, 5,230 milles.
De New-York   "   3,690   "
De Québec   "   3,550   "   par le Cap Ray et St. Paul.
               "   3,475   "   par le détroit de Bellisle.

Québec est plus éloigné du Cap Horn, de 500 milles environ, et plus rapproché du Cap de Bonne Espérance, de 200 milles, que ne l'est New-York ; et il est plus près de ce dernier Cap, de 350 milles, que la Nouvelle-Orléans. Un navire faisant voile de l'Equateur (dans l'Atlantique) arrivera dans le golfe St. Laurent à peu près dans le même temps qu'il eût mis à faire le trajet à New-York.

COMMERCE DE BOIS.

Depuis que les vaisseaux étrangers ont obtenu l'entrée libre de nos ports, les grands dépôts de bois à Québec

offrent des ressources au St. Laurent que ne possède ni
ne possédera jamais New-York ou la Nouvelle-Orléans.
En 1846, il y avait assez de bois à Québec pour faire
des chargemens au montant d'un million de tonneaux ;
et la valeur de ce bois ne pouvait être évaluée à moins
de £1,500,000. Le tonnage arrivé à Québec dans cette
année fut de 628,425 tonneaux, donnant de l'emploi à
environ 25,000 hommes ; il était plus considérable que
celui de New-York en 1840, bien que le commerce de
ce dernier port fut ouvert à toutes les nations de l'univers.
La moyenne de nos exportations de bois par mer, pendant
les cinq dernières années, s'est élevée à environ un demi-
million de tonneaux. Cette facilité de fournir du fret
aux vaisseaux qui s'en retournent, devra exercer une influence puissante sur l'immigration et sur les importations
par la voie du St. Laurent. Chaque pied de bois que
nous exportons maintenant dans la Grande-Bretagne,
nous coûte pour le fret autant que la protection accordée
sur cet article nous permet d'expédier en sus dans ses
ports. Pour le transport des passagers, qui est le commerce le plus profitable, le St. Laurent offre la voie la
plus facile et la plus économique, et les émigrés ne sauraient trouver une meilleure route pour arriver au but de
leur destination, les contrées de l'Ouest ; et d'après la
nouvelle loi de navigation, les vaisseaux étrangers de
quelque pays que ce soit, qui font voile du Canada, transporteront notre bois en Angleterre à des taux très réduits.
Cela aura l'effet de diminuer le prix de cet article dans
ce pays là, et d'en augmenter la consommation ; et nous
ne voyons pas pourquoi, sous ce rapport, nous nous bor-
nerions aux marchés de la Grande Bretagne. Sur l'immense quantité de bois exporté annuellement de l'Outaouais et du Canada Est, il n'y a que le bois scié expédié
directement de Bytown sur la rivière Hudson, par Lachine
et Chambly, qui passe par les canaux du St. Laurent.

En 1845, près de quarante millions de pieds de bois scié
furent expédiés des rives canadiennes des lacs Erié et
Ontario, par la voie d'Oswego et de Buffalo ; en 1819,
cette quantité fut presque doublée ; et avec un canal ouvert pour les bâtimens depuis le St. Laurent jusqu'au
lac Champlain, tout ce bois suivait cette route, tant que
le Haut-Canada exportera dans cette direction. Mais
l'accroissement des marchés de l'Ouest, où, vu l'immigration, l'absence de la pierre et les habitudes du peuple,
l'on a besoin de grandes quantités de bois, devra avant
peu donner une autre direction au mouvement de cet article indispensable. Les contrées de l'Ouest dépendent
du Michigan et des rives voisines du Canada pour se
procurer cet article utile et nécessaire ; mais ces deux
derniers districts, tant par leurs progrès rapides et leur
propre consommation, que par l'élan donné à leur commerce par l'étendue et l'excellence de leurs marchés,
ne pourront longtemps continuer de fournir aux besoins
des contrées de l'Ouest. C'est alors que le bas prix
du transport mettra les vaisseaux qui retournent à même
de transporter les produits des forêts de l'Est à travers
nos larges canaux, et que l'on pourra échanger le pin de
l'Outaouais, du Saguenay et peut-être de la rivière St.
Jean, contre les produits des Illinois et du Wisconsin.
En 1843, Chicago importa sept millions ; en 1844, dix-
neuf millions ; en 1847, trente-deux millions ; et en 1848,
soixante millions de pieds de madriers, vingt millions
de bardeaux, et dix millions de pieds de bois de lattage.
En 1840, la valeur du bois *produit* dans le Michigan ne
s'élevait pas à £100,000 ; en 1848, le Michigan en exporta pour le double de cette valeur ; en 1847, le même
Etat avait exporté soixante et quatorze millions de pieds
de bois scié, vingt-sept millions de bardeaux, et pour
$125,000 de bois de lattage, douves et autres bois. Cle-
veland importe environ trois millions de pieds de bois du

Canada ; Buffalo en importa vingt-cinq millions, en 1847, et vingt-huit millions, en 1848 ; Oswego, dix-huit millions, en 1845 ; et vingt et un millions de bois scié, en 1848, venant principalement du Canada. En 1849, le montant du bois importé à Oswego s'est élevé à cinquante et un millions de pieds (dont quarante-quatre millions du Canada) ; et à Buffalo et Black Rock, quarante-trois millions, dont vingt-trois millions du Canada. Ces fortes exportations du Canada Ouest et du Michigan, la grande demande de bois pour le marché de la rivière Hudson qui en absorbe trois millions de pieds annuellement, et l'accroissement prodigieux des importations à Chicago, (ville qui parait destinée à devenir avant peu la rivale de la rivière Hudson dans le commerce du bois), devront placer cet article parmi la liste des chargemens qui remonteront le St. Laurent. On peut se faire une idée de l'importance du commerce de bois en ce qui concerne nos canaux, par le seul fait qu'en 1845, les produits des forêts ont formé 44 pour cent du mouvement total du tonnage du canal Erié ; sur les canaux du St. Laurent, le mouvement total est des six-septièmes.

Comme nous l'avons déjà dit, on peut raisonnablement considérer l'émigration comme une source importante de richesse pour le commerce du St. Laurent et de ses canaux. L'immigration annuelle en Amérique est maintenant de plus de 300,000 âmes. Dans les dix années finissant en 1849, plus de 1,000,000 d'émigrés sont débarqués à New-York ; et durant les quatre dernières années, il en est arrivé environ 200,000 à Québec.

A Québec en 1848,   28,261

1849,   38,494

Accroissement, trente-cinq pour cent ; et l'on sait très bien que les émigrés arrivés dernièrement étaient supérieurs à la classe ordinaire. L'augmentation du chiffre, et l'aisance et la respectabilité de cette classe

11

d'émigrés sont entièrement dues à la supériorité de nos canaux.

COMMERCE AVEC LES PROVINCES DU GOLFE.

Ces provinces, (la Nouvelle Ecosse, le Nouveau-Brunswick, et l'Ile de Terre-Neuve) font le commerce du bois et du poisson, et sont engagées dans la navigation ; et toutes importent des denrées. Notre commerce avec elles s'accroit maintenant, bien qu'il soit encore assez limité. On appréciera mieux le mouvement de ce commerce par l'état suivant du nombre de vaisseaux partis de Québec pour ces provinces, pendant les cinq dernières années :

1845.............. 73 vaisseaux..............4056 tonneaux
1846.............121   do. 6558   do.
1847.............137   do. 7881   do.
1848.............138   do. 7658   do.
1849.............153   do. 8728   do.

Avant l'année 1842, une grande partie de l'approvisionnement de ces marchés était expédiée du St. Laurent ; mais l'acte de la même année qui imposait un droit sur les produits américains expédiés du Canada, jeta ce commerce entre les mains des Américains de Boston et de New-York. Les restrictions apportées à notre navigation, et le peu de développement donné à notre marine élevèrent les taux du fret ; et les chargemens étant limités par la demande en Canada, ce commerce n'était pas suffisant pour nous mettre en état de soutenir la concurrence avec les Américains dont les vaisseaux allant sur lest à la Nouvelle Ecosse pour prendre du plâtre et du charbon, pouvaient transporter des provisions à des taux nominaux. Si nous pouvons transporter le plâtre et le charbon en remontant le St. Laurent, et trouver un marché pour en disposer, nous pourrons alors expédier la fleur dans les provinces du golfe avec plus de facilité qu'on ne pourrait le faire de toute autre place. La population de Halifax est de 25,000 âmes, et la valeur de ses importations et exportations s'élève à £2,500,000,—chiffre plus considérable que celui de Montréal, avec le double de sa population ; cela vient de sa position favorable, Halifax étant l'entrepôt du commerce avec les Indes Occidentales. Comme les Etats Unis expédient environ 300,000 barils de fleur directement à la Guyane et aux Indes Occidentales britanniques, et presqu'autant dans la Nouvelle Ecosse et au Nouveau Brunswick, et que la plus forte partie de cette fleur vient des contrées qui bordent les lacs, nous n'avons aucune raison, (*puisqu'ils sont forcés de le faire*) de leur refuser la liberté de l'expédier directement de Cleveland à Halifax, et là, d'échanger leur fleur pour le produits des îles et les poisson destiné pour le marché des lacs, en nous payant les péages en *remontant* et *descendant*. La population de ces provinces est d'un demi-million environ.

La province du Nouveau-Brunswick possède des mines de charbon et de fer ; le poisson, le plâtre, les pierres à meules et le bois y abondent ; ce dernier article, elle le convertit en argent en Angleterre, et avec cet argent elle achète en grande partie ses provisions. En 1846, le Nouveau-Brunswick a tiré des Etats-Unis pour £216,000 sterling, et ne leur a vendu que pour £11,000 de charbon et de poisson.

La Nouvelle-Ecosse possède des mines abondantes de fer et de charbon d'un accès facile et de la meilleure qualité ; mais ces mines sont malheureusement en proie aux monopole d'une compagnie qui a le droit exclusif de les exploiter, en sorte que bien qu'il existe des veines précieuses de charbon, qui ne sont pas utilisées dans la Baie de Chignecto, les bateaux à vapeur qui naviguent dans cette baie, n'emploient que du charbon anglais. C'est pour cette raison, et aussi à cause du grand nom-

bre de vaisseaux qui arrivent sur l'est que le charbon
de Liverpool se donne à plus bas prix a Québec et Montréal, que celui de la Nouvelle Ecosse. Cet état de chose
ne peut durer longtemps. Les habitants de la Nouvelle
Ecosse expédient leur plâtre et leur charbon à New-York,
et paient le droit ; il est probable, lorsqu'une demande
sera ouverte par la voie du St. Laurent, qu'ils pourront
fournir aux contrées qui bordent les lacs Ontario et Champlain, un article meilleur et à plus bas prix qu'elles ne
peuvent se procurer par le lac Erié, attendu que les taux
du fret en *remontant* seront moins élevés qu'en *descendant*. Déjà, des cargaisons de ce charbon ont été expédiées à Montréal moyennant 16s. 3d. par tonneau, et
ce taux sera réduit à mesure que le débit en augmentera.
Le charbon anglais a aussi été transporté à Kingston en
1849, par le moyen des canaux du St. Laurent, moyennant $5 par tonneau ; et il se pourrait qu'il remplaçât bien
vite le charbon américain sur les bords du lac Ontario.

Un immense volume d'eau chassé de la côte d'Afrique
par les vents alisés, se précipite depuis des siècles sur la
côte de la Nouvelle-Ecosse, élevant les eaux dans la
Baie de Fundy à une hauteur perpendiculaire de soixante
et dix pieds. En se frayant un passage dans toutes les
pentes et goulées, ces eaux ont creusé une quantité de
havres, les plus beaux et les plus spacieux de l'univers.
Entre Halifax et le Cap Canseau, on compte douze havres capables de recevoir des vaisseaux de ligne, et quatorze assez profonds pour les vaisseaux marchands.
La marine de ces provinces excède 100,000 tonneaux, et sera d'un service inappréciable pour la route
du St. Laurent, dans l'enfance de la marine canadienne.
On ne peut se faire une trop haute idée des proportions
que prendra le commerce de la Nouvelle-Ecosse, et du
développement donné à ses ressources abondantes, lorsqu'elle aura établi des relations suivies avec l'intérieur
de l'Amérique.

TERRE-NEUVE.

Mais toutes les ressources du golfe, même en leur donnant leurs plus grands développemens, ne sont rien en comparaison de cette mine inépuisable qui gît au fond des mers, les pêcheries de Terre-Neuve. Une île inhospitalière, d'un aspect sombre, la terreur du marin naufragé, stérile et déserte en apparence, et presque toujours enveloppée d'un brouillard épais, sépare le golfe St. Laurent du vaste océan Atlantique. Ses rives froides et désolées battues par la mer qui l'environne de toutes parts, et sous les vagues de laquelle s'étend ce banc extraordinaire qui a six cents milles de longeur et deux cents de largeur, ont pris les formes les plus bizares et les plus fantastiques. " Les flots qui couvrent cette vaste montagne sous-marine renferment peut-être autant de nourriture pour l'homme que n'en pourrait produire la même étendue de territoire sur le continent. Les rives du Labrador et de Terre-Neuve se distinguent par le même phénomène. C'est un fait remarquable que tandisque la pêche à la baleine qui ne le cède en importance qu'à celle-ci, ne peut se faire avec succès dans un seul et même endroit que pendant un temps limité, les nations de l'Europe et de l'Amérique ont, pendant plusieurs siècles et sans intermission, tendu leurs lignes et leurs filets, et ont employé tous les moyens imaginables de prendre le poisson sur les bancs de Terre-Neuve ; et cependant, l'on n'a jamais remarqué que l'abondance de cette pêche ait diminué en aucune manière."

De vastes champs de glace sont poussés annuellement par le courant, des rives arctiques dans les environs de cette île ; leur surface est couverte de troupeaux de loups marins qui deviennent la proie du marin avantureux, et sont recherchés pour leurs peaux et l'huile qu'on en retire.

Les Français emploient à cette pêche 25,000 hommes

et 500 gros navires ; les Américains 37,000 hommes, et deux mille goëlettes de trente à cent quatre-vingt tonneaux ; les Anglais 25,000 hommes, cinq cent vingt bâtimens à voile de cent à cent quatre-vingt tonneaux, et dix mille quatre-vingt-deux bateaux.

Les Américains prennent 1,500,000 quintaux de poisson, et les Français et Anglais en prennent ensemble 1,000,000 de quintaux ; en tout, trois millions et demi de quintaux, ou 175,000 tonneaux de poisson annuellement ; ce qui, à £12 10s. courant par tonneau, rapporte la somme de £2,187,500 courant, ou huit millions et trois quarts de piastres ; la pêche à la baleine et l'huile produisent probablement encore £125,000. Les pêcheries canadiennes à Gaspé sont importantes, la valeur des exportations, en 1848, s'étant élevée à £91,252 15s. 8d. ; mais nos voisins plus actifs enlèvent le poisson au canadien apathique en tendant leurs filets, tandis que ce dernier est encore plongé dans les bras du sommeil. Les côtes inférieures du St. Laurent, à Gaspé et à la Baie des Chaleurs, abondent en poisson ; on s'en sert comme d'engrais ; la terre en est couverte ; l'air en est infecté ; et vues des rives, les eaux paraissent fourmiller de cette richesse de l'océan.

A l'égard des îles des Indes Occidentales, comme il doit se faire une grande consommation de leurs produits sur les bords du St. Laurent et de ses lacs, et qu'elles tirent en grande partie leurs approvisionnemens de l'Ouest, nous pensons que la route qui apporte les uns, servira à rapporter les autres. Les canaux du St. Laurent et de Welland offrent une communication non interrompue entre Chicago et la mer Caribbée,—avantage que ne possède ni la rivière Hudson, ni le Mississipi. Nous pensons par conséquent que nous pouvons compter sur une grande partie de ce commerce pour le St. Laurent.

COMMERCE AVEC LE ROYAUME-UNI.

Les modifications apportées dans nos relations avec la mère-patrie, résultat des changemens qui ont bouleversé tout récemment sa politique commerciale, ont opéré une grande révolution dans nos sentimens politique et commerciaux à l'égard de nos frères de la Grande-Bretagne, sentimens qui n'auraient jamais atteint le degré d'intensité qu'ils ont pris, si l'on n'eût pas renversé l'ordre du progrès commercial. Si l'Angleterre eût d'abord enlevé les restrictions imposées à notre enfance, les liens mutuels qui les unissent se seraient relachés graduellement, sans choc ni déchirement, résultat d'une juste appréciation de nos positions relatives. Nous avons obtenu de grandes faveurs de la mère-patrie ; nous devons lui en être reconnaissans ; et nous osons nous flatter que nous apprécions tout le bien qu'elle entendait nous faire. Si nous avons souffert de la politique vacillante de ceux qui ont jusqu'à ce jour présidé à nos destinées, nous y fesons allusion bien plus pour justifier notre conduite, que pour en faire un sujet de plainte contre celle que nous avons aimé avec plus de ferveur peut être que de sagesse. Si nous passons nos jours à regretter les temps de notre tutelle coloniale, et à faire des vœux pour le rétablissement du système de protection ; si nous commettons un suicide politique en suscitant *ici* des partis pour attaquer ou défendre la politique anglaise ; si nous prétendons taxer les millions dans la Grande-Bretagne au profit des milliers du Bas-Canada ; si nous voulons nous appauvrir nous mêmes, ou retarder notre marche en avant, dans le but d'enrichir ceux qui sont déjà assez riches, nous n'agirons alors que comme de mendians opiniâtres, des idiots ou des fats politiques.

Il faut à l'Angleterre pour sa propre consommation, année commune, près de 10,000,000 de minots de blé de plus qu'elle ne produit elle même, ou 2,000,000 de barils de fleur ; par conséquent, comme marché pour nous, elle marche de pair avec la Nouvelle-Angleterre. La quantité moyenne annuelle de blé étranger importé pour la consommation dans le Royaume-Uni pendant les seize années finissant avec l'année 1845, a été peu au-dessous de neuf millions et demi ; or, comme en 1846, environ 4,600,000 acres de terre en moyenne ont été semés de blé, lesquels ont produit en moyenne 142,200,000 minots ou au-delà de trente minots par acre, toute amélioration dans la récolte jusqu'à concurrence de deux minots par acre, fera cesser la demande, et tout déficit dans la même proportion la doublera. Or maintenant, comme l'excédent de blé disponible dans les ports voisins de l'Europe, dans la Baltique et la Mer Noire, dépasse rarement 18,000,000 de minots dont la valeur mise à bord au port d'embarcation est d'une piastre environ par minot ; que la qualité en est à peu près égale au meilleur blé du Canada, de l'Ohio ou de Genessee ; et que le fret est à peu près le même que s'il était expédié d'Amérique, chaque fois qu'il y aura une demande pour la consommation en Angleterre, disons de 20,000,000 minots de blé comme ce fut le cas pendant les cinq années de 1838 à 1843, des chargemens considérables auront lieu et seront expédiés d'Amérique ; mais aussi, chaque fois que la récolte sera bonne, comme dans les six années de 1841 à 1847, période durant laquelle le déficit n'a varié seulement que de 230,000 à 1,000,000 de minots, ce commerce méritera à peine qu'on s'en occupe. Remarquons, cependant, que dans un pays comme la Grande Bretagne où les capitaux sont abondans, la consommation considérable, les spéculations nombreuses, la récolte incertaine, et l'enjeu si fort qu'un seul jour orageux fait passer des millions de louis des mains d'un courtier dans celles d'un autre, l'importation ne peut jamais être strictement assimilée aux besoins actuels du pays. Le blé n'est expédié avec profit en Angleterre que lorsque le blé y est d'une qualité inférieure, ou qu'on a besoin d'un blé plus sec ou d'une meilleure qualité pour le mélanger ; d'ailleurs, les chargemens de blé offrent de grands risques, car il est sujet à " s'échauffer," et en conséquence, on n'en expédie que peu comparativement de l'Amérique. Les facilités que nous avons pour moudre le grain ; la valeur qu'on trouve ici pour les rebuts ; et le mode plus sûr, plus facile et plus économique de l'expédier, lorsqu'il est converti en farine, nous donnent un avantage marqué sur les marchés anglais, chaque fois qu'il y a une demande subite pour la consommation. Les producteurs du continent sont trop appauvris par les risques ruineux qu'entraînaient pour eux (sous l'opération des anciennes lois des céréales) le marché où ils étaient obligés de vendre leurs produits, pour devenir tout à coup manufacturiers de farine ; et en dépit des avantages douteux du travail des serfs qu'ils emploient, des vaisseaux à bon marché, et des matelots nourris comme on nourrit les prisonniers d'une géole, l'excellence de nos communications intérieures, l'accroissement rapide des relations entre la Grande-Bretagne et l'Amérique, et les avantages ci-dessus assureront, nous le pensons, la préséance à cette dernière sur les marchés anglais chaque fois qu'elle trouvera profitable d'y expédier *sa fleur*. Ainsi, quoique la Grande-Bretagne ait importé, en 1843, de la fleur et du blé dans les proportions relatives d'un baril de fleur à *trente* minots de blé ; en 1847, (époque de la grande famine), la proportion des mêmes importations fut d'un baril de fleur à *six* minots de blé. Sur les 3,600,000 barils de *fleur* importés dans le Royaume-Uni en 1847, les Etats-Unis en expédièrent 2,487,086, et le Canada environ 500,000 ; la majeure partie du déficit fut sans doute expédiée indirectement de l'Amérique, par la voie d'Halifax, St. Jean et autres ports ; mais des 21,000,000 minots de *blé* que l'Angleterre importa dans la même année 3,000,000 seulement furent expédiés de l'Amérique. Bien que les importations de *blé*, en 1848, aient peu varié de celles de l'année précédente, il y eut une diminution d'un million de barils dans la fleur; et les Etats-Unis n'expédièrent qu'un vingtième de la fleur et un dixième du blé qu'ils avaient exporté dans la Grande-Bretagne en 1847, savoir, environ 180,000 barils de fleur et 250,000 minots de blé. Durant l'année expirée le 1er septembre 1849, ces exportations s'élevèrent de nouveau à environ 1,000,000 de barils et 1,000,000 de minots. La fleur importée dans le Royaume-Uni dans l'année expirée au mois d'août 1849, le fut par les Etats-Unis pour les onze seizièmes ; le Canada exporta presque tout le reste. En 1845, l'Angleterre reçut son approvisionnement de fleur presqu'exclusivement par la voie du St. Laurent. Ainsi les Etats-Unis expédièrent dans la Grande-Bretagne durant les années finissant au mois de septembre.

1845......	35,355 bbls. fleur,	2,010 min. blé
1847......3,150,689		4,015,134
1848......	183,533	251,622
1849......1,118,116		1,091,385

Prenons les trois principales céréales des Etats-Unis, et nous trouvons que toute leur exportation a été comme suit :

Fleur, bbls.	Blé, min.	Blé d'inde, min.	Farine blé d'inde, bbls.
1846...2,289,476	1,613,795	1,828,063	298,790
1847...4,382,496	4.399,951	16,326,050	948,060
1848...2,119,393	2,034,704	5,817,634	582,339

En comparant les recettes britanniques avec les chargemens américains, on éprouve beaucoup de difficultés, à cause des différentes époques auxquelles les états annuels sont dressés, (janvier et juillet). Près de quatre millions de minots de blé d'inde, et trois cents milles barils de farine de blé d'inde sont exportés des Etats-Unis aux Indes Occidentales et sur d'autres marchés étrangers. Les exportations du blé d'inde des Etats-Unis dans la Grande-Bretagne, commencèrent en 1844 ; on verra par le tableau qui suit le développement et les proportions qu'elles prirent, comparativement aux importations totales du Royaume-Uni.

Importations totales du Royaume-Uni.		*Expédié par les Etats-Unis.*	
Blé d'inde, min.	Farine de blé d'inde, quin.	Blé d'inde, min.	Farine de blé d'Inde, barils.
1844... 296,512	105	89,073	29
1845... 443,024	....	135,688	1
1846... 5,694,888	131,910	1,192,680	50,165
1847...28,866,496	1,448,837	15,526,525	713,083
1848...12,694,168	234,114	4,581,367	105,350 minots
1849...18,298,264	inconnu.	12,729,626	86,058 do

Cette dimunition dans les importations de blé d'inde dans la Grande-Bretagne, en 1848, est due sans doute aux immenses quantités qui en furent importées en 1847 ; car la position que cet article a pris en 1849, tandis que l'importation du blé et de la fleur n'a pas même atteint le chiffre auquel elle était parvenue dans l'année qui a précédé la famine, prouve l'effet puissant que l'introduction du blé d'inde exercera par la suite sur la consommation du blé en Angleterre.

Que les Etats-Unis aient pu exporter 6,000,000 de minots de blé, et l'équivalent en fleur en 1845, 13,000,000 en 1846, 26,000,000 en 1847 ; et qu'ils soient retombés ensuite aux proportions de 13,000,000 en 1848, et de 6,000,000 en 1849, alors que la production du blé s'est constamment accrue dans ce pays pendant cette période, c'est là ce qui prouve l'élasticité merveilleuse et l'étendue de ses marchés intérieurs. Si le prix du blé est plus élevé en proportion que celui du blé d'inde, les Américains exportent le blé et consomment le blé d'inde ; s'il y a une grande demande de blé d'inde, ils tuent leurs porcs et exportent le blé d'inde, car le lard est un article qui se garde bien. Si ni l'un ni l'autre n'est en demande, ils mangent l'excédant de leur blé, engraissent leurs porcs avec le blé d'inde, et exportent le lard, comme ayant la plus grande valeur sous un moindre volume. C'est ce que l'on verra, en comparant les exportations de ces deux articles, et prenant pour termes de comparaison deux années pendant lesquelles ils ont été en demande ou en baisse sur les marchés respectifs.

Recette du blé d'Inde et du lard expédié par le Mississipi à la Nouvelle Orléans, en 1847 et 1848.

Blé d'inde épluché, et mis dans des sacs.	Blé d'inde en épis.	Farine de blé d'inde, bbls.	Lard, lbs.
1847..........2,386,510	619,756	88,159	8,450,700
1848..........1,083,465	509,583	47,543	13,564,430

Les Etats Unis produisent environ 120 millions de minots de blé, et près de 600 millions de minots de blé d'inde. On peut estimer le surplus du blé pour l'exportation à vingt millions de minots ; quant au blé d'inde, la quantité en est illimitée. Ils exportent environ un million et un quart de barils de fleur, et environ un million de minots de blé sur d'autres marchés que ceux de la Grande-Bretagne ou de ses colonies de l'Amérique Britanique du Nord, savoir, en Europe, en Asie, en Afrique, aux Indes Occidentales, dans l'Amérique du Sud, et dans les îles de l'océan ; et comme la fleur manufacturée est l'article en demande sur ces derniers marchés, nous pensons que l'exportation de cet article de New-York, de la Nouvelle Orléans et du St. Laurent, aura souvent lieu sur d'autres marchés que ceux de la Grand-Bretagne. Nous avons rapporté ces tables pour faire voir que la fleur américaine n'est pas nécessairement restreinte aux marchés de l'Angleterre, mais qu'elle séjourne ici jusqu'à ce qu'il se présente une demande ; et que l'industrie canadienne peut trouver d'autres débouchés, si elle veut seulement se donner la peine de les chercher.

Nous inclinons par conséquent à l'opinion que la Grande-Bretagne ne tirera pas *régulièrement* de l'Amé-

rique un plus grand approvisionnement de fleur ; que ses
meuniers préféreront faire venir le blé du continent ; que
l'usage du blé d'inde diminuera la consommation du blé ;
que l'Angleteterre produira elle-même en grande partie le
blé dont elle a besoin pour sa consommation ; que la quantité de blé d'inde expédiée de l'Amérique dans le Royaume Uni ira toujours en augmentant ; et que les chargemens auront lieu principalement par la voie du St. Laurent et du Mississipi, (et non par New-York,) attendu que
cette voie n'offre qu'un seul transbordement, et diminue les
taux du fret,—deux considérations très essentielles lorsqu'il
s'agit d'un article d'un gros volume et qui se donne à bas
prix. Sous le point de vue commercial, nous pensons
que le commerce du blé d'inde avec la Grande-Bretagne
deviendra plus important pour nos canaux que celui de
toutes les céréales et provisions américaines expédiées
dans ce dernier pays.

Les mauvais effets d'une famine ne se font pas sentir
seulement dans l'année où elle a lieu ; on s'en ressent
encore plus tard par la défiance qu'elle inspire aux cultivateurs, et les moyens qu'elle leur enlève de cultiver le
sol avec avantage. Nous n'avons donc aucune confiance dans la continuation de la demande actuelle de
nos céréales en Angleterre, demande qui, bien qu'elle
ait éprouvé une baisse considérable, a néanmoins excédé
la moyenne de la période qui a précédé cette famine. La
révocation des lois des céréales augmentera sans doute la
consommation, mais elle aura aussi l'effet d'augmenter
la production ; autrement, malheur à l'Angleterre !

Que cette île, avec son climat variable et incertain,
puisse soutenir la concurrence avec les contrées plus fa-
vorisées sous le rapport du climat, où le travail est à
plus bas prix, et dont les terres ne sont pas chargées de
taxes aussi lourdes, c'est là un problème qui n'est pas
encore résolu, et qui n'en devra pas moins nous intéres-

ser d'ici à quelques temps. Il n'est guère possible, dans un Royaume où les capitaux sont si abondans, et la main d'œuvre et le travail à si bas prix, que l'agriculture qui a fait dernièrement des progrès aussi extraordinaires, puisse rétrograder. Des millions d'acres cultivables y sont encore en friche. L'Irlande seule, si la moitié de ses terres seulement était cultivée, pourrait rendre l'Angleterre indépendante de l'univers. Il s'est élevé en Angleterre une lutte d'intérêts durant laquelle l'égoïsme des propriétaires a attiré sur leurs têtes une juste rétribution, et a précipité incidemment l'émancipation du commerce des colonies. Les partisans de la protection auraient pu s'assurer cinq ou six c. par qr., ce qui aurait donné de la fermeté au marché, et contenté les Canadiens pendant quelques années encore : et notez que cette somme aurait été en grande partie payée par le producteur. Mais ils ont mieux aimé tout risquer, et ils ont tout perdu. Si les rentes sont diminuées, les taxes devront l'être aussi ; et il n'est pas donné à l'esprit humain de prévoir les conséquences qui résulteront d'un tel état de choses. Si l'Angleterre est heureuse et prospère, si l'Irlande est régénérée, et si l'Ecosse ne devient pas une autre Manchester, la Grande-Bretagne ne dépendra pas longtemps de l'étranger pour procurer la subsistance à sa population : elle ne peut continuer longtemps dans cet état, car hélas ! combien triste est le sort d'un pays où la culture du sol, première destinée de l'homme, est subordonnée à d'autres occupations. D'après le recensement de 1841, il parait qu'un million et demi d'hommes étaient employés aux travaux de l'agriculture, et plus de trois millions engagés dans le commerce. Allouant pour les artisans et les trafiquans qui sont employés exclusivement par les agriculteurs, la balance est encore très forte contre ceux qui trouvent leur subsistance dans la culture du sol ; et ces millions qui ne produisent et ne pourront jamais rien produire pour leur subsistance, il faudra suppléer à leurs besoins, en tirant sur les ressources de l'étranger; car nous regardons comme un fait certain que la surabondance de céréales versées dans les ports d'Angleterre, depuis la famine qui est la cause des bas prix actuels, produira aussi une panique agricole; et que la diminution naturelle des productions qui est le résultat d'un manque de confiance dans la fertilité du sol, augmentera encore en raison de l'absence de toute confiance dans les marchés. Mais les prix ne pourront longtemps rester dans l'état de baisse où ils se trouvent actuellement, car les approvisionnemens de l'étranger qui ont été stimulés par la perspective d'une disette continue, ralentiront. Dans l'intervalle, il peut arriver que le cultivateur en Angleterre soit ruiné, et il faudra des années pour le relever de ses pertes, et lui faire une meilleure position. La récolte ordinaire dans le Royaume-Uni, déduction faite de la graine de semence, rapporte environ 400,000,000 de minots; et comme en 1847, il a été importé près de 100,000,000 minots de grain et de farine, le déficit général doit avoir été de près de vingt-cinq pour cent. Avant la famine, les importations avaient rarement atteint le chiffre de vingt millions de minots de grain et de farine de toutes sortes. En 1848, les importations s'élevèrent à soixante millions, et en 1849, à quatre-ving-neuf millions, malgré de bonnes récoltes de blé, ce qui démontre toute la violence du choc, et la lenteur avec laquelle on s'en est relevé. Ainsi donc, bien que les demandes soient plus fortes dans la Grande-Bretagne pour le présent, nous ne devons pas négliger de mettre ordre à nos affaires dans la provision de quelques changemens, et nous hâter de profiter des instans pour ouvrir à nos produits des marchés plus certains et plus nombreux.

Si nous nous sommes étendu aussi longuement sur la

question des marchés britanniques, c'était pour faire voir le peu de sureté, et le danger qu'il y a pour nous de compter exclusivement sur ce marché que nous avons, comme colons, considéré, jusqu'à ce jour, comme suffisant amplement à tous nos besoins. Nous croyons que la révocation du tarif élevé établi par la loi des céréales est un bienfait public ; c'est au retrait de ces lois que nous devons celui des lois de navigation. Nous n'avons jamais dû compter sur la continuation de ce tarif protecteur ; et comme la confiance est la base du commerce, mieux vaut pour nous que le St. Laurent soit une bonne fois mis à l'épreuve sans aucun avantage artificiel, et que son importance et sa valeur soient pleinement constatées, que de continuer à vivre sous un système qui donne lieu aux folles spéculations, à l'ivresse commerciale, et aux réactions qui en sont les suites inévitables. Si nous cultivons le blé d'inde, comme de toutes les parties de l'Amérique d'où l'on exporte cet article, nous sommes le pays le plus près de la Grande-Bretagne, nous y trouverons un marché ferme et constant, car l'humidité du climat de l'Angleterre n'est nullement favorable à sa culture. Il en est de même des provisions et des laitages. Quant à la fleur, principal article de notre commerce, nous devrions faire un effort pour lui donner l'entrée des marchés qui sont maintenant approvisionnés par nos voisins des Etats-Unis, ou partout ailleurs où nos vaisseaux désireront faire voile durant les mois d'hiver. Nous pouvons généralement obtenir sur les marchés de la Nouvelle Angleterre des prix avantageux, à moins qu'on n'y augmente les droits ; car notre position et nos moyens de transport à bas prix, ont pour nous l'effet de contrebalancer les inconvéniens du tarif. L'exemple de l'Etat de Rio de la Plata devrait nous apprendre, qu'un fleuve, quelque soit le nombre de maîtres qui prétendent dominer son cours, ne doit avoir qu'un

commerce. Nous poursuivons maintenant une politique
insensée ; car possédant fortuitement la moitié inférieure
de la vallée d'un fleuve qui est le débouché naturel d'une
grande partie de l'Amérique du Nord, nous refusons le
passage aux produits des terres qui sont arrosées par le
même nuage ; et par là, nous avons tellement appauvri
cette moitié, et l'avons laissée si dénuée de marine, que
les exportations de la partie supérieure de cette vallée ont
franchi la barrière, et se servent maintenant des nombreuses voies de communication que nos voisins plus actifs
ont établies et poussées jusqu'au bords de la mer, pour
leur propre protection. Sans marine, et sans fret suffisant
pour entretenir nos canaux, ou même tracer le chenal de
notre superbe fleuve, nous suivons l'exemple du " chien
muselé qui ne veut pas que d'autres touchent à sa proie "
en gardant un monopole qui ne nous est d'aucune utilité.
C'est cette politique qui a bâti New-York, construit le
canal Erié, et empêché Québec de devenir le premier port de l'univers pour la construction des vaisseaux.
Des importations et exportations sur une large échelle
peuvent seules donner de l'emploi à un grand nombre de
vaisseaux, et par là réduire les taux du fret ; et en fermant
un passage destiné à l'écoulement des produits d'un monde
entier, pour le restreindre aux minces proportions du
commerce d'une province, nous avons forcé Pictou à recevoir ses approvisionnemens de fleur par New-York, et
Québec ses approvisionnemens de charbon par Liverpool. Le grand fleuve St. Laurent, débouché d'une
seule province, est resté bien en arrière de la petite rivière
Hudson, débouché de plusieurs Etats. C'est à nous
d'ouvrir le St. Laurent et de donner un passage libre à
tous ceux qui habitent sur ses rives ; car, comme colons,
nos importations de la Grande Bretagne sont trop insigni-
fiantes pour réduire les taux du fret ; tandis que le commerce de la vallée du St. Laurent, sans distinction na-

tionale, avec la Grande Bretagne, avec les provinces du golfe, les indes et l'univers entier, deviendra le commerce d'un empire qui ne le cèdera en importance a nul autre sur ce continent.

C'est ce commerce dont nous nous proposons maintenant de parler.

COMMERCE FUTUR DU ST. LAURENT.

La vallée du St. Laurent diffère de celles des autres rivières en général, en ce qu'elle est *unilatérale*. C'est le débouché *naturel* du Canada, de cette partie du Vermont située à l'Est des Montagnes Vertes, des parties Nord et Ouest de l'Etat de New-York, du nord de l'Ohio, du Michigan, et d'une partie des Illinois et du Wisconsin. A l'extremité mérédionale de la vallée, aux lacs Michigan et Supérieur, les eaux qui se jetent dans le golfe du Mexique, se rapprochent au point qu'elles ne se trouvent qu'à quelques milles des grands lacs ; en sorte que des Etats de Pensylvanie, de l'Ohio, de l'Indiana, des Illinois et du Wisconsin qui touchent aux eaux navigables du St. Laurent, il n'y a qu'une portion importante de l'Ohio qui forme partie de la vallée de cette rivière. Mais, à l'exception du Vermont, de la partie Est du Nord de l'Etat de New-York, et d'une partie de la Pensylvanie, aucune chaine de montagnes ne sépare les contrées arrosées par le St. Laurent de celles qui sont arrosées par le Mississipi, la rivière Hudson et les rivières du Connecticut. Il n'y a par conséquent aucune de ces grandes distinctions géographiques, aucune de ces barrières naturelles formées par des montagnes qui, dans bien des pays, contrôlent le commerce, et le forcent de passer par certaines localités particulières ; et la grande plaine de l'Ouest entre l'Ohio, le Mississipi et les lacs, offre un accès facile à partir des golfes du St. Laurent, du Mexique et du

point ou la marrée se fait sentir sur la rivière Hudson.
L'absence de grandes rivières qui se fraient un passage
jusqu'au milieu de riches et fertiles étendues de terres,
comme on en trouve à l'Est et l'Ouest du Mississipi, est
en grande partie compensée par la magnifique expan-
sion du St. Laurent dans les lacs Supérieur, Huron,
Michigan, St. Clair, Erié et Ontario, ainsi que par le
lac Champlain et ses nobles tributaires, l'Outaouais
et le Saguenay. Les lacs offrent une étendue de côtes
de plus de 150,000 lieues, et la vallée propre du St. Laurent renferme une population d'au moins quatre millions
d'âmes. Les produits de cette vaste plaine se dirigeront
par ces trois routes, suivant qu'elles offriront plus au
moins de facilités, ou suivant qu'elles entraîneront plus
ou moins de dépenses et de délais. Prenant Chicago
comme point central de cette plaine, *les distances* de là à
la Nouvelle-Orléans, New-York et Montréal, varient peu ;
mais il y a une grande différence sous le rapport du
temps nécessaire pour faire le transport des marchandises
et produits, et des facilités qu'offrent ces diverses routes.
D'après les états du transport sur le canal Erié, nous
trouvons que l'Ohio, l'Indiana, les Illinois, le Michigan,
le Wisconsin, et une partie de la Pensylvanie font leurs
importations et exportations par les lacs Erié et Ontario.
En outre, le Kentucky, le Missouri, le Tennessee et l'Iowa
font venir leurs importations par la route du nord, et cela
probablement par suite des frais qu'entraîne la navigation du Mississipi en remontant. Par la même route, ils
exportent toutes sortes de produits agricoles, du coton, du
tabac, des spiritueux fabriqués chez eux, du cuir et du
plomb ; et ils *importent* des meubles, des marchandises
sèches, de la faïence, de la quincaillerie, du poisson,
du sucre, du thé, et toutes sortes d'épiceries. La population dant le commerce est concentré sur le St. Laurent,
ne doit pas s'élever maintenant à moins de cinq millions

d'âmes dont l'accroissement sous le rapport du nombre et des richesses agricoles et commerciales est sans parallèle dans l'histoire du monde. Nous n'ôsons ici émettre notre pensée sur le développement des progrès de cette population, car l'incrédulité si naturelle à l'homme rejeterait tous nos calculs pour l'avenir, bien qu'ils soient fondés sur l'expérience du passé ; et cela aussi certainement que les folies de la jeunesse seront repétées successivement par chaque génération, malgré l'expérience accumulée pendant une longue suite de siècles ; car le nombre de ceux qui croient par les yeux de la foi, comparé à ceux qui, pour croire, ont besoin de voir, est aussi minime dans le monde commercial que dans le monde moral.

L'OUEST.

Durant les dix années qui se sont écoulées de 1830 à 1840, la population de l'Ohio s'est accrue de cinquante pour cent ; l'Indiana, cent pour cent ; les Illinois, trois cents pour cent ; le Michigan, sept cents pour cent ; le Wisconsin n'était même pas connu en 1830, et en 1840, sa population avait atteint le chiffre 30,945 ; au prochain recensement, (en 1850) elle indiquera un progrès de pas moins de mille pour cent, qui est la proportion dans laquelle elle s'accroît. Tandis que tel a été le progrès d'Etats entiers, celui des villes commerciales n'est pas moins remarquable. Buffalo, Cleveland et Détroit ont doublé leur population de 1840 à 1848 ; Chicago a triplé la sienne ; et de deux mille âmes qu'elle était, la population de Milwaukie a atteint le chiffre de quinze mille, dans l'espace de ces huit années. Cincinnati, (prenant la moyenne de cinquante années) a doublé sa population tous les sept ans : en 1800, elle était de sept cent cinquante ; en 1835, de 24,000 ; en 1842, de 48,000 ; en 1849, de 96,000. L'accroissement de ces villes pendant les huit dernières années, de même que celui de St. Louis, Louisville, Pittsburgh, Oswego, Rochester, Columbus et Dayton, pris en moyenne, a dépassé *cent cinquante pour cent*, tandis que les cités du littoral sur l'Atlantique, New-York, Philadelphie, Baltimore, Boston, la Nouvelle-Orléans, Charleston, Savanah, Mobile, Brooklyn et Portland, prises en moyenne, ne se sont accrues que de *trente-huit pour cent*, durant la même période de temps. En 1841, tout le commerce américain sur les lacs, tant importations qu'exportations, (non compris le transport des passagers), était de \$65,825,982 ; et en 1846, il était évalué à \$123,487,621, l'accroissement annuel étant environ de dix-huit pour cent. En 1847, la valeur des importations et exportations de Chicago était de moins de \$5,000,000 ; en 1848, elle dépassait \$19,000,000 ; tonnage enrégistré en 1847, 3,951 ; en 1848, 10,488.

ROUTE DU MISSISSIPI.

Le Mississipi, avec ses branches, a une longeur totale de plus de quinze mille lieues, dont 5,533 sont propres à la navigation des bateaux à vapeur. Ce fleuve sert à l'écoulement des produits d'un territoire de 433,333 lieues carrées, ou 785,200,000 acres ; cette vallée, si elle était habitée par une population aussi dense que celle de l'Angleterre, contiendrait 500 millions d'âmes ; elle renferme maintenant une population de 10,000,000 qui s'accroît dans les proportions que nous venons d'indiquer. L'année 1817, vit bâtir le premier bâteau à vapeur qui navigua sur ce fleuve. En 1834, on en comptait deux cent trente ; en 1842, quatre cent cinquanté ; en 1843, on en construisit cent vingt-six, et en 1846, cent huit. "Il y a maintenant cinq cent soixante et douze bateaux à vapeur sur le Mississipi, formant ensemble un tonnage de 118,655 tonneaux ; ils sont évalués à $5,189,179 ; dépense annuelle $19,915,753 ; profits annuels, $17,428,840. La plupart de ces bateaux qui naviguent actuellement sur ce fleuve *perdent de l'argent ;* et le capital entier est absorbé tous les quatre ans. Près de cent bateaux à vapeur sont détruits, et il en est construit un même nombre chaque année."

La rivière Mississipi, chenal étroit et profond dont le courant uniforme est d'environ trois milles à l'heure, offre une navigation pleine de dangers à cause des troncs d'arbres et des billots qui, entrainés par les inondations annuelles qui couvrent plusieurs centaines de milles de forêt, échouent et s'enfoncent rapidement dans un lit d'alluvion, un des bouts projetant et flottant au gré du courant. Les bateaux à vapeur qui longent la côte en remontant afin d'éviter le courant, vont se heurter sur ces " chicots, " et sombent ; ces obstructions changent continuellement de position, et nulle expérience dans la navigation ne saurait en éviter les dangers. Les pertes annuelles excèdent un million de piastres, et le taux des assurances varie de douze à dix-huit pour cent. Nous n'avons donc pas lieu de nous plaindre des cinq pour cent qu'on exige sur le St. Laurent, dans le mois de novembre.

Les plus hautes et les plus basses eaux de la rivière Ohio varient de soixante et trois pieds ; et par conséquent le niveau de ses eaux affecte sensiblement sa navigation. La profondeur du chenal qui n'offre parfois que deux pieds d'eau à Pittsbourg, et la distance à laquelle ses tributaires sont navigables en différens temps, produisent une fluctuation dans les taux du fret, et beaucoup d'incertitude et d'embarras par rapport aux chargemens. Il en résulte que le fret est affecté tant par la profondeur des eaux de la rivière, que par le nombre de bateaux disponibles. Les transports sur les marchés de la Nouvelle du Orléans se font très économiquement au moyen de " bateaux plats" qu'on construit ordinairement au quai même, et où l'on emploie des moulins à vapeur pour scier le bois pour cet objet. Comme ces bateaux coûtent très peu, qu'ils n'ont qu'un faible tirant d'eau et n'emploient qu'un petit nombre d'hommes, et qu'ils sont construits dans l'endroit même où l'on reçoit les produits, aux premiers gonflemens des eaux, la rivière est couverte de bateaux plats, et un courant rapide les transporte avec célérité et et économie jusqu'à la Nouvelle Orléans. Là, les bateaux sont vendus, et les hommes s'embarquent sur des bateaux à vapeur qui sont les seuls vaisseaux qui remontent le Mississipi et l'Ohio. Il résulte, que le fret est à très bas prix en *descendant ;* car l'on peut transporter un baril de fleur pour environ 2s. 6d., de Cincinnati à la Nouvelle Orléans, distance de cinq cents lieues. Mais l'accroissement du nombre, et les frais qu'entraîne la construction de ces bateaux plats à mesure que le bois disparait, et que les produits augmentent, devra avoir l'effet d'élever le prix du transport au lieu de le diminuer ; et comme il est peu probable qu'on puisse remorquer à bas prix des barges vides en refoulant constamment le courant pendant tout le cours d'un trajet de cinq à sept cents lieues, le transport devra se faire en grande partie au moyen de bateaux à vapeur. Il faudra donc en augmenter le nombre ; et la nécessité de se procurer un engin, le bois de chauffage, et les autres accessoires, jointe au peu de profondeur des eaux qui sont généralement plus basses pendant la saison de la navication sur les lacs, diminueront d'autant leur efficacité, et rendront le succès de cette navigation plus problématique qu'elle ne l'est actuellement. Même à présent, une bonne partie des produits de la vallée de l'Ohio est expédiée au nord par les lacs. Mais il existe encore d'autres objections à la route de la Nouvelle Orléans pour les chargemens de l'Ouest destinés pour l'Europe, résultant du climat, des frais et des fluctuations du commerce de ce port. Le tabac, la fleur, le lard, le jambon, le saindoux, le beurre, le fromage etc. sont des articles qui souffrent et sont plus ou moins endommagés en passant par un climat chaud ; d'ailleurs, les frais de charriage, d'agence et d'assurance contre le feu, sont exorbitans, car les gens dans un climat comme celui de la Nouvelle Orléans sont peu disposés à travailler aux même taux, et à se contenter des mêmes profits qu'on regarde comme suffisans dans les régions du nord. Le fret à la Nouvelle Orléans est très incertain ; mais on peut dire en général qu'il est de cinquante pour cent plus élevé que dans les ports de l'Atlantique : c'est pour ces raisons, que des marchands haut placés dans le commerce de l'Atlantique préfèrent expédier par la route du nord ou par l'intérieur aux taux ordinaires, plutôt que de recevoir les articles que nous venons d'indiquer, à la Nouvelle Orléans, libres de tout frais de transport jusqu'à ce point. Les ouragans qui dominent dans le golfe du Mexique, les récifs et les courans de la Floride, les bas fonds qu'on rencontre aux Indes Occidentales, et les brouillards épais qui règnent dans la partie inférieure du fleuve, rendent le Mississipi et son embouchure aussi dangereux pour le moins que le St. Laurent ; tandis que la barre à l'entrée du fleuve, qui n'offre que douze pieds d'eau, donne à Québec une supériorité marquée sur la Nouvelle Orléans comme port de mer.

Depuis Columbus, dans l'Ohio, Indianapolis et Péoria, dans les Illinois, (à mi-distance à peu près du lac Michigan et de la rivière Ohio), points centraux de l'ouest, également accessibles aux deux routes du St. Laurent et du Mississipi, nous pensons qu'on peut affirmer sans crainte, que l'on peut transporter les produits de l'Ouest en Europe par le St. Laurent, à plus bas prix, avec plus de célérité, et dans une meilleure condition que par la

Nouvelle-Orleans. La grande demande de denrées et de provisions en 1847, a donné une impulsion aux exportations du Mississipi par la Nouvelle-Orléans, et une position comparative que nous ne pouvons regarder comme devant durer permanemment, bien qu'on doive s'attendre à un grand accroissement d'affaires dans ce port, proportionnellement aux progrès de la vallée du Mississipi. Quant aux exportations de blé d'inde, article qui est à peu près le principal produit de la vallée du Mississipi, 5,000,000 de minots ont été expédiés sur la rivière Hudson par le canal Érié en 1849 ; et depuis le premier de septembre dernier, 363,377 minots ont été expédiés de New-York dans la Grande-Bretagne, et seulement 84,084, de la Nouvelle-Orléans. Les exportations de fleur de la Nouvelle-Orléans en 1848, alors que la demande était peu considérable, n'ont attient que le tiers du chiffre de celles de 1847 ; tandisque les arrivages sur l'Hudson n'ont diminué que de trente pour cent, ce qui fait une différence dans la diminution de trois cents, comparé à trente pour cent. Il est expédié sur l'Hudson, par les canaux de New-York, trois ou quatre fois plus de céréales qu'à la Nouvelle-Orléans, par le Mississipi. La valeur de la fleur expédiée et arrivée sur la rivière Hudson en 1848, était de $17,500,000 ; Nouvelle-Orléans, $3,500,000 ; blé, Hudson, $3,500,000, Nouvelle-Orléans, $250,000 ; blé d'inde, de $1,800,000 à $1,750,000 ; beurre, de $3,333,000 à $250,000 ; laine $2,500,000 ; à la Nouvelle-Orléans, zero. La grande valeur monétaire du commerce de la Nouvelle-Orléans est dû principalement à son sucre, à sa mélasse, à son coton et son tabac ; quant à l'exportation des denrées, elle ne peut soutenir la comparaison avec le nord. L'immense quantité de produits qui ont pris la direction de l'une et l'autre route, prouvent que l'une et l'autre est nécessaire ; et la préférence donnée aux articles expédiés par la route du nord, prouve encore la nécessité d'établir une autre route plus large et plus spacieuse que celle du canal Érié ; car c'est à l'encombrement de cette dernière qu'on doit attribuer en grande partie l'accroissement des exportations par le Mississipi. Mais l'indication la plus concluante au sujet de la valeur relative des deux routes, se trouve dans le rapport du bureau d'agriculture de l'Etat de l'Ohio pour l'année 1849, dans lequel les prix des produits agricoles dans les différents comtés de l'Etat sont donnés, savoir, dans les comtés du nord ou qui sont situés sur les bords des lacs, dans les comtés du centre, et dans les comtés du sud, situés sur les bords de la rivière Ohio.

La moyenne est comme suit :

	Blé.	Blé d'inde.
Comtés du nord SUR LE ST. LAURENT	94 cents.	33 cents.
Comtés du Centre	79 do	26 do
Comtés du sud ou du Mississipi	70½ do	24 do

Ce qui établit une différence de 1s. 2d. par minot sur le blé, et de 5½d. par minot sur le blé d'inde, c'est-à-dire, environ vingt cinq pour cent en faveur des marchés du Nord. Or, il importe peu que cet différence provienne de ce que les marchés de l'Est au Nord, soient meilleurs que ceux de l'Europe ; car, si par la route du Nord, on peut transporter les produits à New-York et à Boston à plus bas prix que par le Mississipi, on peut également les transporter en Europe à plus bas prix par la même voie. D'aucune partie de l'Ohio, la distance n'est moindre à Québec qu'à la Nouvelle-Orléans.

Prenant les produits des Etats de l'Ouest et du Canada, qui sont entrés dans les canaux de New-York par Buffalo, Black Rock et Oswego, et ont été transportés jusqu'au point où la marée se fait sentir, nous trouvons que l'exportation du surplus des contrées de l'Ouest, double tous les quatre ans. Supposé que cette exportation ait été de 800,000 tonneaux par la route du Nord en 1849, (y compris celle du St. Laurent,)—et cette supposition est

au-dessous de le réalité,—on peut compter que 6,000,000
de tonneaux de ces produits chercheront un écoulement
vers l'Est ; il y a d'aussi bonnes raisons de croire qu'ils y
trouveront un marché, qu'il y en avait de supposer en
1836, que les 50,000 tonneaux qui ont alors trouvé un
marché, s'éleveraient en 1846 au chiffre de 500,000,
et trouveraient facilement des acheteurs. Le progrès a
été comme suit :

1836......	54,219	A ce taux, il serait en	
1840......	121,671	1852.de.1,300,000	
1844......	308,025	1856......2,600,000	
1848......	650,154	1860......5,200,000	

Les trois quarts de ce tonnage, sont des produits d'a-
griculture.

Mais c'est en vain qu'on essayerait d'établir des calculs
relativement à l'avenir réservé à cette "grande région de
l'Ouest," termes dont l'emploi est aussi familier que ceux
"d'Anglo-Saxons," et dont la signification est également
insaisissable. Il est impossible de prévoir les résultats
de l'émigration, ou plutôt de cette transplantation de population et de capitaux qui cherchent à se soustraire à
l'anarchie, aux désordres et à la maladministration qui
règnent en Europe, et qui ajoutent annuellement au-delà
de trois cent mille âmes à la population de l'Amérique.
Lorsque M. Ruggles, en 1838, ôsa exprimer l'opinion
que si l'on élargissait le canal Érié, les recettes des péages qui, en 1838, avaient rapporté environ $1,500,000,
atteindraient, aux mêmes taux, le chiffre de $3,000,000
à la clôture de la navigation en 1849, cette déclaration
excita la risée, et fut accueillie par un torrent d'injures.
Le rapport que l'on désignait sous le nom de " *Glo-
rification report* " fut traité avec mépris ; et l'on fit valoir
avec succès les absurdités qu'on prétendait y signaler,
pour obtenir un changement dans le contrôle politique
des canaux. Cependant, en 1846, bien que l'on n'eût

pas agrandi les dimensions de ce canal, et malgré la réduction des taux, les péages excédèrent $3,500,000 ; et
tandis que le tonnage expédié de l'Etat de New-York
jusqu'à la marée montante, lequel équivaut maintenant
à la moitié du tout, ne s'est accru que de cinquante pour
cent depuis 1837, celui des Etats de l'Ouest s'est accru
de mille pour cent. Loin donc de prévoir une diminution
dans l'accroissement proportionnel des exportations de
l'Ouest, le fait qu'il n'y a encore qu'une minime portion
du sol qui soit en culture ; que des milliers de bras peuvent trouver de l'emploi là où la terre n'est exploitée
maintenant que par un petit nombre d'hommes ; et que
chaque année successive augmente le nombre des exportateurs, et double leurs moyens d'exportation, tout nous
porte à croire que les exportations iront augmentant pro-
gressivement, comme résultat des améliorations apportées
à la navigation du St. Laurent, et de l'élargissement du
canal Erié. La route du Mississipi n'est pas susceptible
d'améliorations ; au contraire, les frais de plus en plus
dispendieux qu'entraîne la construction des bateaux plats,
et l'emploi plus général de la vapeur, hausseront au lieu
de diminuer le coût du transport ; tandis que la certitude
acquise d'importer à plus bas prix dans l'Ohio et les contrées situées au nord du Mississipi, la mettront hors d'état
de soutenir la concurrence avec nos voies de communications par les lacs, et dirigeront peut-être une partie de ses
exportations par le nord. On peut, au besoin, rendre la navigation des routes du nord plus facile, et y faire une eau
morte pour les embarcations qui remontent ; mais le Mississipi ne pourra, d'ici à un siècle, employer d'autres
classes de bateaux que ceux dont on se sert actuellement ;
et il faudra constamment avoir recours à la vapeur pendant tout ce temps, afin de refouler et remonter le fort
courant de ce fleuve.

Si donc, il y a toutes les probabilités que d'ici à peu

d'années, dans moins de dix ans peut être, de nouveaux millions de tonneaux de produits et de denrées nécessaires à la subsistence de l'homme, s'écouleront de ce "jardin de l'Amérique," comment pourrions nous désespérer du St. Laurent ? Et tandis, que d'année en année, ce flot puissant grossira de volume, qu'elle route possédant les facilités ordinaires, pourrait n'être pas exploitée ? Par quelle route tous ces millions de tonneaux pourront ils se frayer un passage jusqu'au littoral de la mer, siége naturel du commerce étranger, des chutes et pouvoirs d'eau, et des manufactures. Tous ces produits encombreront les canaux, quelque soit la largeur de leurs dimensions ; ils iront s'échouer dans les eaux peu profondes des tributaires de l'Ohio ; ils obstrueront le passage étroit de l'entrée du Mississipi à la Nouvelle-Orléans, et déborderont partout. C'est alors que l'accroissement annuel comblera les greniers de la Pensylvanie et de la Virginie, et fera trembler sous son poids les chemins de fer de New-York et de l'Erié, de Baltimore et de l'Ohio, de la Pensylvanie, d'Ogdensburgh et de Portland.* Et c'est alors, qu'une carrière brillante de prospérité s'ouvrira pour le St. Laurent.

Sur quoi les chemins de fer qui convergent vers le St. Laurent à Longueuil, à Ogdensburg, Oswego, Buffalo et Dunkirk, fondent-ils leurs calculs de lucre et de profit pour l'avenir ? N'est-ce pas dans l'espoir d'attirer ce commerce gigantesque de l'Ouest qui n'apparait encore que comme un crépuscule dans l'horison lointain, que tant de millions ont été dépensés sur les canaux et les chemins de fer qui traversent les monts Alleghanies ? Le chemin de fer de Ogdensburgh aurait-il jamais été entre-

---

* Dans le rapport des péages, du commerce et du tonnage des canaux de New-York, publié dans le mois d'avril 1850, l'auteur dit :--

"......Le commerce de l'Ouest augmente avec une telle rapidité, que les routes déjà ouvertes ne suffisent plus....... son accroissement illimité semble destiné à encombrer nos canaux, ET TOUTES NOS VOIES DE COMMUNICATION AVEC LES LACS.

pris sans le canal de Welland ? Et s'il faut que ces chemins soient maintenus au moyen de chargemens qui devront d'abord flotter sur les eaux du St. Laurent, est-il possible de concevoir que la " grande masse " des exportations de l'Ouest puisse abandonner la voie spacieuse que lui offre notre beau fleuve, pour se diriger à travers les inégalités du territoire montueux de New-York, ou se restreindre dans les limites étroites que présentent 4 pieds 8 pouces de lisses de fer ? Aussi, le premier trait saillant de comparaison, c'est le plus ou moins d'espace et des facilités qu'offre chaque route.. Supposons pour un instant, que Québec ne puisse lutter avec New-York ; Burlington et Whitehall pourront soutenir la concurrence avec avantage contre Albany, Buffalo et Oswego. Et quelle est la personne qui puisse croire, si le lac Champlain devient ce qu'il est destiné à devenir, la principale voie de communination entre les contrées de l'Est et les régions centrales du Nord de l'Amérique, qu'une portion considérable de ce grand commerce ainsi dirigé, ne débouchera pas par le golfe St. Laurent ? Une portion moindre suffirait même ; mais on ne peut guère supposer que la majeure partie de ce commerce, après avoir presque effleuré les points où la marée se fait sentir, se détournera pour gagner les bords de la mer, en passant à travers les aspirités de terrain que présentent les Montagnes Vertes.

Quand on considère que la consommation du blé dans les Etats Unis dépasse maintenant 100,000,000 de minots, et que les Etats de l'Est en achètent *régulièrement* plus que tout autre pays étranger, on peut se faire une idée de l'effet que produirait un manque partiel de la récolte de blé dans cette partie du monde. Si la disette, comme en 1829 ou 1837, fesait monter la fleur à dix piastres le baril à New-York, une hausse correspondante se ferait sentir sur les marchés qu'aprovisionne cette cité ; et le Canada pourrait, au moyen du St. Laurent, se prévaloir et profiter de cette hausse. Il n'y a rien d'improbable à supposer, que la récolte de blé puisse être abondante en Canada, comme en 1848, et manquer partiellement dans les Etats Unis, dans la même année ; mais supposant que la récolte soit mauvaise *généralement,* dans quel état se trouve alors la position commerciale du St. Laurent ? Les prix dans l'intérieur le long du St. Laurent suivraient alors, comme à présent, le cours des prix obtenus à New-York ; et comme ces prix seraient ceux établis pour la consommation, ils seraient plus élevés à l'intérieur que dans les ports de mer. L'importation pour les marchés Américans sur les lacs Champlain, Ontario et Erié, aurait alors lieu de la Baltique ou de la Grande Bretagne, comme cela est arrivé en 1835 ; et cela par la route *la moins longue,* à travers le St. Laurent qui pourrait seul, dans ces circonstances, fournir des chargemens aux vaisseaux étrangers fesant voile de ce continent, au moyen du bois tiré de ses forêts.

Nous ne devons pas juger de l'avenir par les erremens du passé. Jusqu'à ce jour, le St. Laurent a joué de malheur ; car l'exportation américaine n'eût pas plutôt atteint un chiffre important, après la paix de 1815, qu'elle fut détruite par l'acte de 1822, et ne se rétablit en 1831 que pour devenir illusoire par la disette de blé qui a régné pendant sept ans dans ce pays. Lorsque, en 1840 et 1841, après la cessation de nos troubles politiques, les exportations commencèrent à reprendre la voie du St. Laurent, elles furent arrêtées du coup par l'acte du Parlement Impérial de 1842. *La loi* des céréales de 1843 offrit une perspective brillante, mais qui s'évanouit bientôt ; et les avis et admonitions donnés depuis lors à plusieurs reprises par la Grande Bretagne, nous empêchèrent d'en tirer aucun avantage permanent avant le retrait des lois des céréales.

CANAL ERIÉ.

Dans la conviction où nous sommes que toutes les avenues qui conduisent aux bords de la mer, suffiront à peine pour répondre aux besoins du commerce futur de l'intérieur de l'Amérique, car chaque facilité additionnelle ajoute un nouveau stimulant, à Dieu ne plaise que nous envisagions ici avec les vues retrécies d'un esprit jaloux et envieux, les avantages respectifs des principales routes qui se disputent ce commerce.

Le St. Laurent n'a pas de rival plus redoutable que le canal Erié en ce qui concerne le commerce de l'Ouest. Voici un état du mouvement du commerce par ce canal, avec la proportion expédiée par les Etat de l'Ouest.

	Nombre total de tonneaux.	Des Etats de l'Ouest.	De l'Etat de New-York.
1844	799,816	308,025	491,791
1845	959,550	304,551	655,039
1846	1,107,270	506,830	600,440
1847	1,431,252	812,840	618,412
1848	1,184,337	650,154	534,183

Ce tableau a trait au canal Erié seulement, et indique que le commerce intérieur de l'Etat de New-York a fourni la plus grande partie du tonnage en descendant, jusqu'à l'année 1849. On a attribué la diminution des exportations à la disparition graduelle du bois qui forme un item considérable du tonnage de cet Etat. Nous allons donc comparer les produits de l'agriculture seulement.

Nombre total des tonneaux.	Des Etats de l'Ouest.	De l'Etat de New-York.
1844...... 371,326	236,155	135,171
1845...... 430,454	206,422	224,032
1846...... 612,585	410,111	202,474
1847...... 875,365	683,138	192,227
1848...... 674,194	489,478	184,716

Consultons maintenant le mouvement du commerce en

remontant, partant du point où la marée se fait sentir, distinguant les chargemens venant de l'Ouest :

Total par le seul canal Erié.	Pour les Etats de l'Ouest.	Laissé dans l'Etat de New-York.
1844. 120,972	42,415	78,557
1845. 127,501	49,618	77,883
1846. 143,912	58,330	85,582
1847. 191,670	75,883	115,787
1848. 209,768	84,872	124,896

Ces tableaux démontrent que les exportations de l'Etat ont diminué, et que ses importations ont augmenté, ce qui indique que la consommation des céréales s'est accrue dans les villes commerciales et manufacturières de la partie ouest de cet Etat, et qu'un marché intérieur se forme rapidement. Le vieux canal Erié a pu à peine suffire aux besoins du commerce en 1847. Durant l'espace d'un mois, les passages, à l'une des écluses, ont été en moyenne d'un en moins de six minutes, sans aucun arrêt ni le jour ni la nuit, ou 7,492 en trente et un jours. L'élargissement des écluses sera terminé, et elles entreront probablement en opération en 1851; mais il devra s'écouler plusieurs années avant qu'on puisse se procurer une profondeur d'eau suffisante. Les bateaux chargés qui naviguent sur ce canal tirent trois pieds et demi d'eau ; et lorsqu'on aura achevé d'élargir les écluses, ils pourront porter environ le tiers du chargement que portent les bateaux qui passent par les écluses du canal de Welland. Le transport des passagers et des émigrés a été pour ces bateaux une source de profit qui les a mis en état de faire des transports à des taux plus modiques qu'ils n'auraient pu le faire autrement. Mais cette ressource va bientôt leur être enlevée par les chemins de fer qui ont dix fois leur vitesse, et qui, même à des taux plus élevés, peuvent leur faire une concurrence dangereuse.

     * L'élargissement du canal Erié tout en réduisant le

* Cette opinion est confirmée par le rapport de l'auditeur du département des canaux de New-York, publié en avril 1850, et conçu en ces termes :—" Les pér-

coût, aura l'effet d'augmenter au lieu de diminuer le *temps* du transport ; et il est très douteux (en supposant même que les nouvelles proportions puissent le mettre en état de suffire pendant encore plusieurs années au commerce de l'Ouest,) s'il n'éprouvera pas un échec plus sérieux, savoir, l'absence d'un approvisionnement d'eau suffisant pour remplir les écluses. Les améliorations dans un nouveau pays augmentent l'évaporation ; et le défrichement des terres fait disparaître plus rapidement les amas de neige amoncelée pendant l'hiver, ce qui produit le double inconvénient d'épuiser les anciens réservoirs, et de menacer la destruction des ouvrages par la crue violente des eaux. Mais sans spéculer sur d'autres causes, il n'y a pas lieu de douter que l'accroissement des affaires locales sur toute la longeur de ce canal, et l'augmentation du commerce de l'Ouest qui s'accroît à raison d'environ vingt pour cent par année, s'ils ne l'encombrent pas bien prochainement, auront du moins l'effet d'élever les taux de fret sur le St. Laurent, et de forcer les importations et les exportations à prendre cette voie. S'il est hors de doute, ainsi que la présente année va le démontrer, que la fleur peut-être transportée à Boston *à aussi bas prix* pour le moins, et dix jours *plutôt* par le lac Champlain que par le canal Érié, dès lors il ne peut plus y avoir de difficulté quant à la route qu'elle prendra par la suite.

Il est inutile d'instituer aucune comparaison au sujet des taux probables du fret qui sera expédié par la suite à Québec, Burlington ou Whitehall, par le St. Laurent, et à New-York, par le canal Érié, lorsqu'on considère la différence probable du coût relativement au nombre et à la quantité d'affaires qui se font sur les deux routes.

---

ges perçus sur les passagers et les paquebots, diminuent rapidement par suite de la concurrence que leur font les chemins de fer, lesquels au moyen de trains plus fréquens, de leur célérité, et du bas prix auquel ils peuvent les transporter, enlèvent aux canaux cette importante source de commerce."

Nous avons vu le prix du transport d'un baril de fleur de Buffalo à Albany s'élever, en 1847, à deux piastres. Lorsque les produits sont en grande demande, les prix sur toutes les routes sont élevés ; et *alors*, la plus rapide et celle qui offre le plus de facilités, doit nécessairement obtenir la préférence. Si notre gouvernement n'eût eu la sagesse de fournir des bateaux remorqueurs sur le St. Laurent, nos marchands de transport auraiet préféré retenir le monopole du commerce canadien au risque même de le voir disparaître et prendre la direction d'Oswego et Buffalo. Et même a l'heure qu'il est, si l'on ne permet pas aux vaisseaux de la marine américaine qui naviguent sur les lacs, de descendre depuis le lac Erié jusqu'à Burlington, les prix se maintiendront à un taux si élevé par suite de la marine limitée du St. Laurent, que tout le commerce de l'Ouest passera par Buffalo et Oswego.

Les taux du fret seront donc réglés par la somme de traffic et l'abondance des moyens de transport ; et pour donner une idée de la *capacité* du St. Laurent, nous soumettons ici une estimation des *taux possibles* comme point de comparaison entre ce fleuve et le canal Erié, ou toute autre route. Supposons le cas le plus extrême, savoir, que tous les péages soient abolis sur les deux routes, et que les bateaux obtiennent des chargemens en montant et descendant. Le canal Erié, lorsqu'il aura été agrandi, donnera passage à des bateaux capables de porter 1,500 barils de fleur. Sans entrer dans le calcul des dépenses, prenons l'estimation de John B. Jervis, ingénieur de l'aqueduc de Crotton et du chemin de fer de la rivière Hudson, qui dit que l'on pourra, après l'élargissement du canal, transporter un baril de fleur de Buffalo à New-York, moyennant quinze *cents* ou neuf deniers courant, les péages non compris. Personne n'a encore fait une estimation plus modique. Le taux moyen pour les neuf dernières années, a été de trente-huit *cents*, ou un chelin et onze deniers, jusqu'à Albany pour le fret seulement et de six à dix *cents* en sus jusqu'à New-York. Partant de Cleveland, allouons cinq *cents* pour le fret jusqu'à Buffalo ; et nous aurons alors pour les simples frais de transport, sans comprendre les péages, les frais d'assurance, commission transbordement, etc., vingt *cents* par barils de Cleveland à New-York, par la voie du canal Erié, ou un chelin courant.

Un vaisseau construit de manière à passer les écluses du canal de Welland, portera 4,000 barils de fleur, (coût £3,500), et devra se payer dans quatre ans. Ses profits nets seraient donc de £875 par année ; et comme ses dépenses annuelles se monteront à £750, ses profits en gros devront être de £1,625 par année. La navigation sur le canal de Welland ne s'ouvre pas plus tard que le 15 avril, et celle du St. Laurent ne se ferme pas avant le 20 novembre ; ce vaisseau a donc sept mois de navigation au moins, et il peut, durant ce temps, faire sept voyages entre Cleveland et Québec, Burlington ou Whitehall. Allouons pour le fret en montant 380 tonneaux de charbon, de sel, ou l'équivalent en effets mesurés ; il transportera donc en descendant, durant la saison, 28,000 barils de fleur, lesquels à dix *cents** (ou six déniers courant, donneront . . . . £ 700
et 2,450 tonneaux en *remontant*, lesquels à deux piastres (ou dix chelins courant) donneront . . 1225

£1925

Montant total des profits requis 1625

L'extrait suivant suffit amplement pour couvrir toutes les dépenses incidentes, y compris les frais encourus pour remorquer.

---

* La fleur a été transporté de Chicago à Buffalo moyennant dix CENTS par baril :—vingt-cinq CENTS (un chelin trois deniers courant) sont un taux profitable, distance, plus de 333 lieues.

Nous donnons cet état comme indiquant fidèlement la position et les ressources relatives de ces deux voies de communication. Nous croyons que la fleur et les marchandises seront transportées avant deux ans entre le lac Erié et Québec, moyennant un taux (tous frais compris) qui n'excèdera que de peu les *péages* qu'on perçoit maintenant sur ces articles entre Buffalo et Albany. Le *péage* que l'on exige maintenant sur la fleur, sur le canal Erié, est de trente et un *cents* par baril, ce qui excède en moyenne le coût total payé en 1348, depuis Toronto jusqu'à Québec ; et le *péage* sur les marchandises est de vingt-neuf chelins de Albany à Buffalo, et sur le fer, de quatorze chelins et six deniers par tonneau. Le fer destiné à servir à la confection des chemins à lisses a été transporté de Québec à Cleveland, en 1849, moyennant vingt-deux chelins et six deniers par tonneau, ce qui couvrait tous les frais.

L'influence du St. Laurent sur les taux du fret se fait déjà sentir sur le canal Erié. Le tableau suivant indique l'arrivage à Buffalo, par le canal Erié, des effets légers et pesans destinés pour l'Ouest, pendant une série d'années.

	Lbs. "effets légers."	Lbs. "effets pesans."
1843	55,727,818	32,568,818
1844	59,349,890	34,328,816
1845	63,920,758	36,972,670
1846	73,625,207	42,522,828
1847	92,788,433	59,602,867
1848	101,330,222	64,346,841
1849	108,125,789	56,580,919

On verra qu'il y a eu un accroissement constant et important jusqu'en 1849, époque ou le chiffre des effets pesans tomba au-dessous de l'échelle de 1847. Cela s'explique en examinant le chiffre du fret qui a remonté le St. Laurent en 1849.

Fret en remontant par la voie des canaux du St. Laurent.

	Tonneaux en 1848.	Tonneaux en 1849.
Fer brut, et fer pour les chemins à lisses,............	1,870	11,439
Poterie	473	1,047
Liqueurs ..,..............	537	945
Sucre et melasse............	627	990
Fer de fonte, fer en barre, et fer travaillé............	4,225	5,565
Meubles et bagages..........	620	918
Sel et charbon..............	4,863	6,141
Marchandises...............	9,864	12,851
Huile	375	427
Brique, pierre, ciment, sable et chaux................	76	415
Total, tonneaux...	23,530	40,738
Passagers	16,040	20,814
Vaisseaux..................	2,890	2,763

Péages perçus sur les canaux de Welland, de Lachine, et de Chambly, en

	1848.	1849.
Welland......	£29,064	£34,573
Lachine	11,661	15,740
Chambly	436	1,644

Proportion de l'accroissement sur le canal de Welland, dix neuf, sur le St. Laurent, trente quatre, et sur le canal de Chambly, 375 pour cent.

Somme toute, nous ne voyons pas qu'il y ait aucune raison de penser que le commerce du Canada laissera la voie du St. Laurent pour prendre les routes américaines.

Durant l'année 1849, nous avons exporté aux Etats Unis et à travers ces Etats les article suivants, entre autres.

Bois de construction, 96 millions de pied, valeur
    M. B.. £240,000
Fleur, 260,000 barils............................ 260,000
Blé, 800,000 minots............................. 160,000
Avoine, pois, fèves............................... 25,000
Autres produits agricoles........................ 50,000
Alkalis.. 90,000
Bois, douves, billots sciés, dormeuses pour les
    chemins de fer, bardeau etc.................. 75,000

Il est probable que la majeure partie du blé et de la fleur canadienne qui a été mise en entrepôt à Oswego, a été enlevée de la douane à New-York, en payant le droit ; car nous voyons que £75,000 ont été perçus sur nos exportations dans cette place. La valeur totale de nos exportations aux ports américains pour 1849, excèdera probablement £1,000,000. Les droits perçus par les Etats-Unis sur le lac Champlain, étaient en

      1848 . . . . de $14,826 93
      1849 . . . . 48,663 70

accroissement qui indique que nos exportations aux Etats-Unis prendront cette route.

Nous avons payé aux Etats-Unis environ £125,000 de droits sur nos exportations, et à l'Etat de New-York £30,000 pour péages de canaux, et une somme plus considérable encore à ses marchands de transport.

Si nous avions possédé un canal pour le passage des vaisseaux, pour relier le St. Laurent avec le lac Champlain, la majeure partie ou la presque totalité de nos exportations expédiées à Oswego, et évaluées à $2,214,447, auraient descendu par les canax du St. Laurent, pour se rendre à Burlington ou Whitehall.

Le marché américain étant meilleur que le marché anglais, nous avons vendu considérablement aux Etats-Unis ; mais nous avons fait venir nos approvisionnemens principalement par le St. Laurent,—état de chose que nous ne devons certainement par regretter, surtout lorsqu'on considère que l'on peut remédier à la perte temporaire des péages de nos canaux au-dessous de Prescott, par la voie du lac Champlain, et cela sans changer de marché.

Mais supposé que les marchés des Etats-Unis continuent à être meilleurs pour nous que ceux de la Grande-Bretagne, nous trouvons un marché dans les Etats qui recevra non seulement l'excédant de nos exportations, mais qui produira de plus des péages pour entretenir nos canaux.   Durant le cours de l'année expirée au mois de juin, 1849, les Etats-Unis ont exporté dans les provinces du golfe, les céréales suivantes :

```
Blé. . . . . . . . . . 305,383  minots, valeur  $  332,765
Fleur. . . . . . . . . 294,891 barils       "      1,518,922
Farine de blé d'inde, 153,971  "            "        434,109
Blé d'inde. . . . . . 221,442 minots        "        126,793
                                            ----------- $2,412,589
          Et autres articles évalués à. . . . . . . . .   1,199,194
                                            -------------
          Valeur totale des exportations. . . . . . .   3,611,783
```

Il est clair que nous gagnons du terrain sur les marchés des provinces du golfe, d'après l'état ci-jonit des exportations de Montréal dans ces provinces, en

```
1848. . . . . . . . . . . . . . . . . . . . . . . . . . .£27,474
1849. . . . . . . . . . . . . . . . . . . . . . . . . .  44,361
```

La valeur des importations à Montréal, en 1849, a excédé de £138,000 celles de 1848, et les exportations, de £80,000.   La valeur du commerce d'exportation de New-York, en 1849, est de $5,672,000 moins qu'en 1848.

Quoiqu'il soit descendu moins de fleur et de blé par les canaux du St. Laurent en 1849 qu'en 1848, à cause des exportations à Oswego, le montant exporté de Montréal a excédé le chiffre de 1848, ce qui vient probablement d'une amélioration dans l'agriculture du Bas-Canada.

En comparant les droits perçus aux ports de mer et de l'intérieur, en 1847 et 48, on verra que le déclin du com-

merce du St. Laurent, en 1848, n'est par le résultat d'un
abandon général du fleuve pour les ports de l'intérieur et
pour le commerce de terre par New-York.

	Montréal et Québec.	Ports de l'intérieur.
1847	£242,117	£172,516
1848	203,825	130,204
1849	256,739	186,597

Le déficit, en 1848, a été plus considérable, proportionnellement aux ports de l'intérieur, qu'à Montréal et Québec.   Les droits perçus aux ports de l'intérieur, en 1849,
montrent un accroissement proportionnel plus considérable,
conséquence naturelle de nos fortes exportations d ans
cette direction ; mais nous pensons que l'état comparatif
que nous avons donné de la quantité de fret qui a passé
par les canaux du St. Laurent en remontant, doit bannir
toute crainte que nous soyions destinés à devenir tributaires du canal Erié, en ce qui concerne nos importations.
Si telle était notre position, alors que les restrictions imposées par les lois de navigation étaient en p leine force
et vigueur, nous n'avons nullement lieu de craindre pour
l'avenir.

En 1825, le coût du transport d'un baril de sel, de Lachine à Kingston, était de dix-huit chelins et neuf deniers
courant.

Ce même baril est maintenant transporté de Montréal
jusqu'à Toronto, moyennant un chelin et trois deniers.
En 1825, un baril de sel américain coutait quinze chelins, dans le Canada Ouest ; la même quantité de sel, à
Montréal, valait alors six chelins et trois deniers. A cette
époque, le Haut-Canada payait environ £2,000 de droits
sur le sel par année, et ces droits étaient versés dans la
caisse et au profit du canal Erié.   Ainsi, bien que nous
possédions un meilleur article et qui contait moitié moins
à Montréal, nous n'en n'avons pas moins contribué, vu

le mauvais état de la navigation du fleuve, à la contruction et à l'entretien d'une route qui nous fait la plus rude
et la plus formidable concurrence. En 1840, le transport
d'un tonneau de marchandise de Montréal à Kingston,
coutait trois louis, deux chelins et six deniers : en
1849, on a transporté le fer destiné aux chemins à
lisses, de Québec à Cleveland, pour un louis, deux
chelins et six deniers. Il n'y a encore que peu d'années que le prix du transport d'un baril de fleur de
Kingston à Montréal, était de deux chelins : en 1849,
on le transportait de Toronto à Québec, pour un chelin et six deniers. En un mot, telle a été l'influence
de nos canaux sur les taux du fret, qu'on peut dire en
thèse générale, qu'on ne paie maintenant que des piastres là où l'on payait ci-devant des louis pour le transport
des effets et marchandises ; et que le transport d'un baril
de fleur et de sel en montant et descendant, coute moins
par mille, qu'une lettre " simple " expédiée par la voie de
la poste.

CONCLUSION.

Nous nous sommes efforcés, dans les pages précédentes, de démontrer l'influence qu'exercent nos canaux sur l'agriculture, sans vouloir attribuer exclusivement à cette influence la réduction des prix et l'accroissement de population et de richesse qui en sont résultés depuis quelques années ; car nous sentons bien, puisqu'un aussi forte partie de nos importations et exportations a été expédiée par les canaux de New-York, que nous ne serions pas justifiables d'attribuer de trop grands avantages à une navigation qui semble avoir été désertée partiellement. Toutes les grandes entreprises dans l'hémisphère occidental sont encore à naître ; et c'est sous ce point de vue que nous avons envisagé l'avenir du St. Laurent. Nous avons voulu justifier la politique qui a projeté, et les conceptions qui ont réussi, jusqu'à un certain point, à ouvrir la route commerciale de l'atlantique, et par là, relier la mer avec le siège futur d'un vaste empire sur ce continent,—le bassin supérieur du St. Laurent. Notre but a été de démontrer, quelqu'insignifians que nous paraissent maintenant les résultats de cette politique, qu'avec nos idées actuelles, et dans l'état où sont maintenant nos finances, nous ne parviendrons probablement à achever nos canaux, que lorsque le débordement inévitable du commerce de l'Ouest, aura, en dépit des préjugés, de l'esprit d'opposition, et des associations nationales, fait ressortir dans tout leur éclat les pouvoirs incomparables du fleuve St. Laurent. Tandis que l'obscurité qui précède l'aurore d'un commerce brillant semble s'épaissir et répandre son ombre autour de nous, nous adresserons ce conseil à nos cultivateurs: " vous avez dépensé, il est vrai, $10,000,000, dans l'espoir et la confiance qu'on suivrait la politique qui devait attirer le commerce d'exportation des contrées de l'Ouest par la voie du St. Laurent, et vous avez vu s'évanouir toutes vos espérances avant même d'obtenir aucun résultat pour prix de tant de sacrifices. Cependant, ne vous découragez pas ; il existe des ressources que vous pouvez développer par vos propres efforts, et au moyen de votre propre législation, qui sont beaucoup plus amples, plus précieuses et plus durables que toutes celles que vous auriez pu obtenir dans l'état de dépendance où vous tenait l'ancien système de " protection " qui emmaillotait votre enfance." Nous savons, soit qu'on veuille exagérer ou déguiser le fait pour des " considérations politiques, " que le découragement s'est emparé de l'esprit du cultivateur Canadien, et que ce sentiment ne provient pas uniquement du retrait de la protection ; car, le cultivateur ne désire nullement s'enrichir aux dépens d'un peuple moins fortuné, et accablé sous le poids de taxes très lourdes. S'il se plaint qu'on ait ouvert à son rival Américain le marché dont on lui avait promis l'approvisionnement, et pour lequel il a négligé de s'en créer un plus à proximité, et qui lui offrait plus de chances de stabilité ; s'il est mécontent de ce qu'on l'ait engagé à se lancer dans des entreprises qui convenaient plutôt aux ressources d'un empire, qu'à celles d'une colonie, c'est qu'on n'a fait aucune stipulation dans son intérêt auprès de ce rival, en retour des faveurs qui étaient accordées à ce dernier avec tant de profusion.

Par suite de la révolution complète opérée dans notre position commerciale, nous avons cru devoir présenter à nos cultivateurs, autant du moins que nos faibles moyens nous ont permis de le faire, le tableau du nouvel ordre de choses qui se prépare ; et si nous avons pris dans la discussion une latitude que ne justifiait peut-être pas le titre de cet essai, nous ôsons chercher une excuse dans les circonstances exceptionnelles et l'état de *transformation* où se trouve le pays. Nous avons, autant que possible, évité de traiter les questions sur lesquelles il existe une diversité d'opinions ; et nous nous sommes efforcés d'exposer fidèlement, et sans fard, les avantages relatifs des diverses voies de communication rivales, ainsi que les *remèdes* politiques préconisés par les divers partis. Quant à ces derniers, nous les avons envisagés sous un jour et dans un intérêt purement canadiens, adoptant ceux qui nous ont paru dans notre intérêt, et rejetant les autres, soit qu'ils formassent partie " d'un ensemble qui s'harmonise ou non," et sans nous occuper des reproches qu'on pourrait nous adresser à l'endroit de nos inconséquences apparentes. Nous n'avons cherché à capter la faveur d'aucun des partis politiques qui se servent des passions, des préjugés et de l'ignorance d'un peuple insouciant, crédule et trop plein de confiance, comme d'un marchepied pour monter au pouvoir ; et nous n'avons nullement déguisé ou tenté de concilier les inconvéniens résultant des changemens apportés dans notre position et nos relations commerciales. Si nous n'avons pas montré une grande déférence pour toutes les belles théories du jour, c'est que nous pensons que les systèmes, les théories et les lois sont de peu d'utilité pour un peuple qui n'a déjà que trop souffert d'un excès de législation ; que ce ne sont pas les institutions d'un pays qui forment le peuple, mais bien le peuple qui crée ses institutions, suivant ses vœux et ses besoins ; que toutes les monarchies ne ressemblent pas à celle de l'Angleterre, ni toutes les républiques à celle des Etats-Unis ; et qu'il n'y a rien dans le sol, le climat ou la position commerciale ou géographique du Canada, si le peuple sait profiter des avantages qu'il tient sous la main, qui soit de nature à le rendre inférieur à tout autre peuple, ou faire de cette contrée un pays moins heureux et prospère qu'aucun autre portion du globe.

Finalement, si nos cultivateurs savent seulement prendre entre leurs mains le contrôle de leurs propres destinées, et celles de leurs enfans, et secouer cette apathie et cette indifférence qu'ils témoignent pour les affaires publiques, résultat d'une éducation coloniale vicieuse, de l'absence de toute adversité, et d'un dégout pour les luttes et les agitations de la vie publique qui dégénère souvent en couardise politique ; s'ils savent se soustraire aux conseils insidieux des démagogues et des " faux amis du peuple ; " s'ils mettent de côté les différends politiques et toutes dissentions religieuses, pour concentrer leurs efforts et diriger toute leur énergie vers le développement de la prospérité commune ; s'il font comme peuple, ce qu'il est de leur devoir de faire comme individus ; s'ils s'occupent avec diligence de leurs propres affaires ; en un mot, s'ils sont sobres, actifs, vigilans, honnêtes, justes et craignant Dieu ;—ils ne pourront manquer d'attirer sur eux les bénédictions que Dieu fit pleuvoir sur les gentils après la désobéissance des Juifs.

" Leurs enfans grandiront comme de jeunes plantes ; leurs filles seront comme les vases polis qui ornent les colonnes du temple ; leurs greniers crouleront sous le poids des récoltes ; leurs troupeaux se multiplieront à l'infini ; leurs bœufs seront forts pour le travail ; et c'est alors, qu'il n'y aura pour eux ni décadence, ni captivité, ni plaintes, ni gémissemens dans les rues."

AVIS.

Hôtel du Gouvernement,

Toronto, 2 Avril, 1850.

Monsieur,

Le Gouverneur Général a remarqué avec plaisir les efforts qui se font à Montréal et ailleurs, pour que le Canada soit convenablement représenté à la grande exposition industrielle de toutes les nations, qui doit avoir lieu l'année prochaine dans la Cité de Londres.

Dans le but de seconder ces efforts louables et patriotiques, son Excellence prend cette occasion d'annoncer au public canadien, par votre canal, qu'elle se propose d'offrir comme prix la somme *de cent louis sterling*, ou des médailles de la même valeur, à la personne ou aux personnes qui montreront les meilleurs échantillons d'industrie ou de produits canadiens, au grand congrès industriel.

Son Excellence se réserve le droit de décider par la suite si la somme offerte par les présentes formera un seul ou plusieurs prix ; et son intention est de prier les Juges qui devront présider à cette Exposition, de décerner ces prix, ou de nommer des personnes compétentes pour le faire.

J'ai, etc.,

(Signé,)   R. BRUCE,

Secrétaire du Gouverneur.

A son Honneur
le Maire de Montréal.